서시_

착각의 시학을 위하여

하 제

오늘 여기
서로간의 인사와 만남은 없었지만
따뜻한 가슴과 지순한 사랑
마음 깊이 새겨진 풀 같은 시詩내음 속에
떨림의 시간 기다림의 모습들
첫선 보듯 설레는 심정으로
오늘을 기다렸습니다.

문학의 열정과 향기 가슴에 흐르듯
우리네 고품격 고품질 만남이여!
그 고독과 고뇌와 사랑이
영혼을 울리는 뜨거운 심장으로
타들어 가라!
그리하여
우리들 가는 길에 빛이 있어
어둠이 유혹 할지라도
세상의 바람으로 깨우며

풀꽃 같은 인연들 주렁주렁 엮어 갈 때
우리들의 모습은
먼 훗날 착각의 시학에 들렀다가
그 우물에 빠져 수없는 인연을 엮어
다시 영혼으로 함께하는
착각에 빠졌노라고
말하고 싶습니다.

착각의 시학 사화집 제9호 참여작가

착각의시학연구회는 10년이란 기간 동안 사화집 제1호부터 제9호까지 올곧게 출간해 왔다. 많은 시인들과 수필가 그리고 소설가와 평론가가 지면을 통해 만나고 교류하면서 함께 문학을 키워왔다. 시간이 흐를수록 착각의시학연구회는 문학의 근력이 튼실해지면서 지고지순한 삶을 이끌 동력 또한 생겼다. 이렇게 생긴 동력은 저마다의 내면에 깊은 메아리를 울려퍼지게 할 것이다. 그 메아리의 반향은 우리 가슴속에서 또 다른 큰 울림을 안고 와 새로운 문학의 힘으로 세상에 얼굴을 내밀 것이다.

초대 시인

안재진

허형만

오현정

마경덕

최창일

김경수

참여 평론가

이정미

참여 시인

강명숙

김무영

김수노기

고원구

김민채

김영미

권아올
(권중화)

김복수

김다솔

김석림

김도연

착각의 시학 사화집 제9호 참여작가

참여 시인

김자운
(김유빈)

박두련

백왕기

김정자

박지연

백운순

김현희

박홍균

김화영

방지원

김효순

참여 시인

변길섭

송상익

심영자

서동안

송연주

양회올

서이선

신옥철

성백원

신을소

손순자

착각의 시학 사화집 제9호 참여작가

참여 시인

여서완

이복섭

장수현

원연희

이삭빛

장재흥

유나영

이삼헌

이늦닢

장성렬

이미라

참여 시인

정사읍

조영갑

하택례

정해현

최수경

현미정

조경화

최점희

조금래

착각의 시학 사화집 제9호 참여작가

참여 수필가

고소혜 (고경숙)

장호순

권순악

전명수

박청자

전청희

이미하

최건차

착각의 시학 사화집 제 9호에는
여섯 분의 초대 시인과 평론가 한 분
그리고 오십삼 분의 시인과 여섯 분의 수필가가
함께 참여했습니다.

착각의 시학 사화집 제9호

10년의 물결을 바라보며

착각의 시학 사화집 제9호 "詩가 아프다고 말할 때"–

올해도 여전히 단풍은 붉고 푸르게 가을을 꾸미고 있다.

안타까웠던 시간들은 아직도 차마 마르지 못하고 푸른 눈물로 보내는 가을을 아쉬워하고 있다. 그나마 작가들은 글을 쓰는 고독이라도 있어 퍽 다행이 아닐 수 없다.

디지털의 꽃인 영상의 화려한 시대와 빠르게 번지는 문학낭송의 무대, 그리고 문학의 다양화, 베스트셀러의 단명화의 시대에 사는 우리는 어지간한 자극에도 금방 익숙해지고 정신적 가치에 대한 투자는 물론 관심도 멀어져가고만 있다. 그래서 문학 판에는 메뉴가 없다는 말이 나올 정도이다. 오늘의 시가, 문학이 왜소해 보이는 이유는 무엇일까? 그것은 각성과 성찰 없는 의미의 모어반복인 되풀이가 아닐까? 고민에 빠져 볼 일이다. 어쨌거나 경제적원리가 정신을 끌고 가는 사회에서 정신적 풍요와 가치를 추구하고자 하는 시인은, 문학인은 점점 더 고독해 질 수밖에 없는 현실이 되고 말았다. 시인이 괴로워하는 사회 그래서 시가 아프다고 말하는 것이 아닐는지–

영국의 낭만주의 시인으로 알려진 P.B 셸리는 "하나의 시란 그것이 영원한 진리로 표현되는 인생의 의미"라고 말한 적이 있다는데 우리로

회장 **김경수**

하여금 착각의 시학 10년은 지금까지 함께 걸어온 굽이굽이의 경륜과 산 넘고 강을 건너는 일상적인 것을 초극한 위치에서 무던히도 노력해 왔던 지난 10년의 세월이었다.

그럼에도 사람들은 어느 정도 세월이 흐르고 문단 경력이 늘면서 더 이상의 변화나 초극의 길을 가지 않고 안주하려는 경향이 있다는 사실도 부정할 수 없는 일이다.

우리 시인들은 자아를 둘러싸고 있는 외부 상황과 어떤 마찰을 일으킬 때 그 반응들을 나타내는데 대개는 심층적 좌절이나 갈등, 숨결 내지는 극복과 조화의 몸가짐을 가지려 안간힘을 쓰고 있다.

아직도 상당수의 작가들이 집착하고 있는 관념의 세계로부터 벗어나 상징과 은유 등을 빌어 함축과 긴장의 언어로 감동의 물결을 일으키는 넉넉하고 유연한 착각의 시학을 창출하는 오늘이 되기를 바라는 마음이다.

착각의 시학 제9호에 참여한 작가, 초대시에 응해주신 원로 문인께 고마움의 인사를 정중히 올린다.

이천십사 년 십일 월 팔 일
양천리골에서

안재진

길

함박눈이 펑펑 쏟아진다
아무리 둘러봐도 길은 보이지 않는다
시작도 끝도 없이 하나로 묶여 있는
아득한 광야
태초의 빛살만이 쓸쓸한 아침을 연다
소통을 거부한 하느님의 묵시에
긴 밤 외로움을 앓아 온
당돌한 개 한 마리
미친 듯 뛰어 다니며 길을 만든다
눈물을 머금은 아담의 그 길에
인기척은 피 냄새를 풍긴다
산다는 것은 죽음을 밟고 일어 선
철없는 유희
단단하게 짓눌리는 눈길을 보며
돌멩이를 찾아 힘껏 던진다
개는 멀리 도망갔지만
그래도 길은 열리지 않았다.

초대시 |

허 형 만

편지

서리서리 감아서 숨겨둔 그리움
풀어서 다시 보니
모든 게 다
네 탓인 줄 알겠더라

잘 있느냐 사랑아
아즐아즐 아즐하게
애돌아 살아온
알천 같은 사랑아

안개에 싸인 듯 아슴아슴한
선잠도 풋잠도 토막잠도
모든 게 다
내 탓인 줄 알겠더라

* 알천 : 가장 값지고 소중한

오현정

통일로의 가을

행주산성 들녘에서
고구려 남자가 추수를 꿈꾼다
그 많은 시련을 다 넘어
여기 와 농사지어 자식을 키웠으니
올해 남녘의 모진 장마를 겪어내고
까치가 물어오는 고향 소식 되묻는다

고구려 사나이 장수왕은
고봉산에서 승전보를 고했는데
북녘 벌거숭이 친구들은 다 뭐하는지
오늘 우리는 통일을 논할 때가 아니냐
내년 추수시절은 남북이 함께
풍년을 노래하면 얼마나 좋을까

마경덕

물의 표정

돌멩이를 던지는 순간
둥근 입 하나가 떠올랐다
파문으로 드러난 물의 입,
저 잔잔한 호수에 무엇이든 통째로 삼키는 거대한 식도食道가 있다

물밑에 숨은 캄캄한 물의 위장
가라앉은 것들은 쉽게 떠오르지 않았다
누적된 그것들을 감추고 평온한 호수
물가에서 몸부림치던 울음을 지우고 태연하다

계곡이며 개울을 훑으며 달리다가
폭포에서 찢어진 입술을 흔적 없이 봉합하고
물은 이곳에서 표정을 완성했다
물속에 감춰진 투명한 찰과상들, 알고 보면 물은 근육질이다

무조건 주변을 끌어안는
물의 체질
그 이중성으로 부들과 갈대가 번식하고 몇 사람의 목숨은 사라졌다

물의 얼굴이 햇살에 반짝인다
가끔 허우적거림으로 깊이를 일러주지만
사람들은 여전히 잔잔한 물의 표정을 믿고 있다

최 창 일

황홀한 고백

꽃으로 온 그대
하늘과 별 바람이 피어준 꽃이어라

두 손 가득 안개꽃 소중한 인연
꼬옥 쥐면 깨질 것 같아

살며시 펼치면 날아갈 것 같아
아 아 어찌 하오리까

마음에 소중한 꽃으로 온 그대여
그림자로 창가에 서성이면

함께 피어난 추억의 붉은 장미

김경수

추국秋菊

찬바람 한 줌으로 피어나
계절을 고독으로 즐기는
취기의 향기로움

세월이 나이를 먹고
기다림의 사랑은
수려한 빛깔과 깨끗함의 극치

기왕이면 멋지게
아름다움으로 세월을 넘어서는
노오란 삶의 오기傲氣

우아한 그대
오상고절傲霜孤節
말을 잊은 나만의 세상

목차_

인사말_

초대시_

평론_

시_

목차_

수필_

이정미

자서전의 문학성과 새로운 방향

1. 자서전自敍傳,Autobiography의 자유성과 그 문학적 위상-기록문학과 사실문학

자서전 쓰기는 현대인의 마음 치유, 힐링 경향에 편승하면서 서서히 대중화하기 시작했다. 노인복지관, 도서관, 문화센터 등에서 그 강좌가 생기고 있다. 노령인구가 증가하자 참살이 시대를 맞이해서 문화생활을 향유하며 인생을 관조하는 글쓰기 풍조가 발생했기 때문이다.

글쓰기는 주관적인 저자가 객관성을 띤 현실세계를 만나면서 시작된다. 세상을 향한 지식을 품고 자신과 세상과의 소통을 목적으로 쓴 것이라면 모두 글에 속한다. 글은 궁극적으로 작가와 독자의 삶을 풍요롭게 해준다. 한 편의 글이란 세상변화를 위한 나의 참여이다. 글 자체가 지닌 이런 자유로움은 개방성을 띠기에 누구든지 자서전 쓰기에 쉽게 접근할 수 있다. 전문 작가가 아니어도 누구나 자서전을 쓰고 발표할 기회를 부여하고 있다.

자시전 쓰기에 대해선 '과거를 돌아보며 자신을 성찰하고, 인생의 미래를 설계한다'는 식으로 그 역할이 적잖이 미화되고 있다. '인생은 각본이 없는 드라마이다'란 말처럼 모든 인생은 저마다 수많은 변화 굴곡을 거쳐서 가치 있는 보물 같은 체험을 간직하고 있다. 자신의 인생이 아무리 평범했다 해도 설령 실패로 점철되었다 해도 타인에게 공감을 줄 소지가 풍부하다는 논리에서이다. 자서전은 누가 어떤 형식으로 썼든 간에 작품의 가치를 인정해주는 풍조에 더욱 편승하다 보니 자연 자서전 쓰기의 열풍으로 이어졌다. 인간은 누구나 남의 이야기를 듣기를 좋아하는 본성이 있기에 문학이 탄생했다.

자서전은 자신을 주인공으로 해서 자신이 쓰는 전기문傳記, biography이다. 자신이 살아온 삶을 스스로 진술하고 해석하는 글이다. 그러다보니 작가가 전문 문인의 자격 유무와는 관계없이 평범한 개인이든 사회적 명사이든 독자에게 읽는 재미를 안겨주는 한에서는 소재에 제한이 없이 자신의 체험과 그에 깃든 생각을 연대기 형식으로 자유롭게 쓰는 글이다. 그 분량은 짧게는 단편소설부터 단행본 분량까지 된다. 자유롭다는 것은 과거 기억을 복원하면서 각자의 생애가 담고 있는 온갖 이야기 중에서 무제한으로 채택해서 쓴다는 것을 뜻한다. 그러다 보니 소설처럼 허구적 장치와 특별한 주제의식, 그리고 표현에서 그 작가만의 개성적인 통찰력이 깃든 낯설게 하기 등을 굳이 필요로 하지 않는다. 누구든 자신의 모든 것을 아는 한에서 자신에 대한 이야기를 쓰기가 부담스럽지 않는 법이다. 그런 면에서 자서전 쓰기는 가장 기초적인 글쓰기이다.

자서전을 단순한 기록물로 볼 수도 있겠지만, 독자에게 문학작품을 읽는 것과 같은 효과와 기능을 준다면 문학의 범주에 포함할 수 있다.

글을 실용적인 글과 문학적인 글로 편의상 구분할 수 있다. 이론상으로 말하면 글자로 쓴 이상 실용적인 글이든 문학적인 글이든 모두 문학literature에 속한다. 문학은 인문학의 한 분야이면서 인간의 지성知性, 감정感情, 의지意志를 내용으로 하는 언어예술이다. 문학은 우리의 다양한 삶을 반영하기에 일상을 벗어난 재미와 함께 정신적 성장을 도모하며 인생 문제에 대한 해결점을 주기도 한다. 이런 관점에서 자서전은 인간 체험담을 담은 하나의 이야기 형태라서 일정한 주제의식을 갖추었다면 문학으로 인정받을 수 있다.

문학은 다르게 분류한다면 창조적 문학과 사회 현상이나 역사적 사실을 기록한 기록문학記錄文學, nonfiction 두 가지로 나눌 수 있다. 자서전은 기록문학에 속한다. 기록문학은 주로 산문양식으로서 시 소설 수필 희곡 등의 창조적 문학과 대립되는 개념이다. 이 중 수필은 성격에 따라 창조적 문학 또는 기록문학이 된다. 기록문학은 근대 실증주의를 기반으로 실제적 경험적 사실성에 입각해서 일회적이면서도 특수한 인간 자신의 체험 가운데 눈에 보이는 사건만을 내용으로 한다. 사실을 객관적으로 전달하려는 작가적 의도에서 창작된 작품들을 가리킨다. 그 구체적 범위로는 논픽션, 수기, 자서전, 회고록(회상기, memoir), 일기문, 일지日誌, 서간문, 르뽀문, 전기문, 신변잡기 수필, 기행문 등 직접적 경험과 사실에 비중을 두는 글을 가리킨다. 서간문은 개인의 정서를 담았으면 창조적 문학인 수필에 속하기도 한다. 논픽션이란 용어는 그 자체가 기록문학을 뜻하지만 수기처럼 특정한 주제를 갖춘 체험담이란 뜻으로 일반화되고 있다. 논픽션과 수기는 자신의 특정한 시공간에서 겪었던 체험담이다. 자서전처럼 자신이 주인공이며 자서전과 같은 성격을 지닌 글이다. 르뽀문은 자신이 관찰한 특정 사물이나 사회 현상을 객관적으로 기록한 글이다.

자서전과 유사한 글에는 전기문과 회고록이 있다. 자서전, 전기문, 회고록은 모두 개인의 역사 기록이라는 공통점을 지닌다. 또한 소설처럼 서사성(이야기, 시간의 흐름, 그 안에 있는 의미)를 갖추고 있기에 소설적 감동과 재미를 안겨준다. 전기문은 유명한 인물의 일생에 걸친 사적史蹟을 후세 사람이 기록한 글이다. 주로 역사에 오를 수 있을 정도로 남다른 업적을 쌓은 사람이거나 그에 따른 고매한 인격의 소유자를 주인공으로 한다. '비평적 전기'(評傳)와 '소설적 전기'(정사正史 소설, 실록체 소설)가 있다. 회고록은 생애 중에서 특히 중요한 사회활동을 다룬 사람이 자서전처럼 스스로 주인공이 되어서 직접 마주치고 겪었던 인물, 사건을 중심으로 기록한 글이다.

자서전의 범위에 드는 글에는 일기문, 서간문, 기행문, 르뽀문, 수기, 논픽션, 회고록 등등이 있다. 이들 글은 모두 자서전이나 회고록 쓰기에서 자료가 될 수 있다. 자서전은 모든 종류의 글로 내용을 채울 수 있다. 자서전은 자신의 체험과 그에 따른 생각과 느낌을 객관적으로 정리하는 수준에 그친다면 실용적 글에 머문다.

요약하자면 자서전은 실용성을 지닌 기록문학의 하위 개념이며, 창작 문학과 비교한다면 삶의 체험과 현장성을 담은 사실문학이다. 사실문학은 현실검증 가능성을 지닌 글이다. 기록문학과 사실문학은 그 내용을 본다면 서로 유사한 개념이다.

기록문학이 성행한 배경을 살펴본다. 1980년대 이후 급변한 사회 현상으로 인해 민중들의 사실 체험 이야기가 소설에 비해 생생하고 효과적으로 전달되었다. 기존 문학에 대한 한계점으로 기록문학에 대해 참신함을 느끼기 시작했다. 그 한계점이란 한 시대의 구체적 삶의 모습을 특수하게 반영함으로써 탁월한 현실인식의 기능을 수행하는 소설이 제 나름의 기능을 다하고 있지 않다는 인식에서 시작했다. 1980년대 이후 급변하는 사회현실이 가져다주는 중압감을 작가적 상상력으로 표현한 것에 대해서 독자는 작가의 사회적 진실이나 객관적 현실인식력을 보다 구체적으로 발견할 수 없다는 한계에서 비롯되었다. 또한 세상사가 변화무쌍하고 소설보다 더 소설적인 이야기들이 얼마든지 일어나기에 독자들은 논픽션, 자서전을 선호하기 시작했다. 그 무렵 시에서도 스토리를 지닌 산문화 현상과 함께 시적 언어미학에서 다소 멀어지더라도 직설적 감정에 의존하는 저항시가 출현했다. 이것 역시 독자들이 논픽션이나 자서전을 선호하게 된 것과 관련이 있다고 볼 수 있다. 1983년 실천문학사에서 〈르포시대〉 1, 2집이 발간되었는데 이것이 커다란 영향력 발휘하면서 발전했다. 독자들이 사회현실을 객관적으로 알고자 하는 욕구로 인해 새로운 소통의 창으로 발전했다. 지금도 그렇지만 소설의 상상력에 익숙한 나머지 논픽션, 자서전을 거부하는 독자가 있는 반면, 소설의 난해성이나 상상력을 이해하지 못해서 논픽션, 자서전을 즐기는 독자가 있다. 그것은 어디까지나 취향의 차이다.

기록문학의 여파로 자서전은 스토리를 지닌 글이란 점에서 하나의 문학작품으로 인정받고 있다. 그 반면 기록의 범위에 속하기에 수필문학의 위상처럼 본격문학에서 멀어지고 있다.

이에 따라 자서전만이 지니고 있는 여러 독자적인 특성을 살펴 본 후에 자서전이 지닌 자유성이 지닌 한계점과 새로운 방향을 모색하고자 한다.

2. 자서전의 독자성 – 과거 기억, 내용의 광범위성, 진실성과 객관성 유지

자서전 쓰기는 과거 기억이나 더듬어서 서술하는 것이라서 퇴행적이고 비생산적 행동으로 볼 수 있다는 오해를 불러일으킨다. 그러나 "되돌아보지 않는 삶은 살 가치가 없다."(소크라테스)라는 말처럼 각자의 삶에는 최소한 남에게 들려줄 만한 가치가 숨겨져 있다.

"오래된 이야기와 지혜가 미래를 드러내 주지는 않을 것이다. 하지만 이들은 등대처럼 길을 밝혀주고, 절망을 치료하는 만병통치약이 되어 준다." (바바라 터크먼 Barbara Tuchman, 〈실행하는 역사 Practicing History〉에서)

이 말은 '법고창신(法古創新: 옛것을 익히되 변함을 알고, 새것을 만들되 옛것에 능해야 한다. 즉 옛것에서 지혜를 빌려 새것인 지혜를 만든다.)' 와 통한다. 과거에 확실한 사실로 존재했던 역사를 공부하는 것도 현재의 자아정체성 확립을 위한 길이다.

"삶은 한 사람의 생애 그 자체가 아니라 현재 그가 기억하고 있는 것이다."(가브리엘 마르케스)란 말처럼 저마다 간직하는 기억의 창고 속에는 참신한 시각으로 재창조되는 이야기가 숨어있다. 기억은 현재 시점에서 새롭게 업데이트되고 해석되기도 한다.

자서전은 흔히 노년기에 쓴다. 노년기는 자연적 인생 연륜 덕에 생애를 정리하고자 하는 의도에서 지나온 삶과 사물을 회고하면서 비교적 객관적으로 바라볼 수 있기 때문이다. 그렇지만 과거를 더욱 새롭게 바라보고 평가하는 태도를 통해서 현재 생활에 잘 적응하도록 한다면, 자서전을 반드시 노년기에만 쓰라는 법은 없다. 실지로 보면 청소년층부터 쓴다. 그러다 보면 일생에서 자서전을 일정 기간마다 속편을 낼 수 있다.

모든 문학작품은 결국 과거 체험의 기억에서 출발한다. 사람은 현재를 살아간다 해도 과거가 준 결과에 영향을 받으며 구속당하기 마련이다. 과거 기억은 현재의 문제 해결에 적용할 수 있다. 삶에 대한 반성, 현재의 자각, 미래 계획도 기억에서 시작된다. 자서전은 결국 현재 시점에서 과거를 돌아본 후에 미래를 계획하는 글이다.

누구에게든지 추억에 빠진다는 것은 늘 즐거움만 가져다주지 못한다. 우선 과거 추억을 통해서 반성과 절망에 빠지게 한다. 반면 즐겁고 보람되었던 과거라면 현재에 그리움, 희망, 용기를 불러일으킨다. 자서전 쓰기는 이처럼 과거 기억을 수단으로 이루어진다 해도 자기 정체감을 형성하게 한다. 그 과정에서 슬픔, 분노, 그리움, 행복 등을 느끼게 한다. 자서전 쓰기를 통해서 과거를 추억한다 해도 결국 과거와 화해하고 그때 품었던 모든 후회, 분노, 통한 등을 해소할 수 있다.

자서전 쓰기가 안겨주는 정신적 이점은 자기 발견, 자아 탐구, 자아 성찰, 자기 정체성의 확립, 자기 성장, 과거와의 화해, 마음 치료 등으로 요약할 수 있다.

"궁극적으로 글쓰기란 작품을 읽는 이들의 삶을 풍요롭게 하고 아울러 작가 자신의 삶도 풍요롭게 해 준다. 글쓰기의 목적은 살아남고 이겨내고 일어서는 것이다. 행복해지는 것이다." (스티븐 킹, 『유혹하는 글쓰기』에서)

글을 쓴다는 것은 자신의 정서와 사상을 정리하는 것이라서 마음을 치료하는 기능이 있다.

작가로서 표현의 자유가 있는 이상, 마음 치유를 위해서 비밀을 토로할 수 있다 해도 그에 대해선 한계가 있어왔다. 특히 법적 문제로 이어질 우려가 있는 내용이라면 조심하는 것이 좋다. 어쨌든 자서전의 고백문학성은 인간에 대한 존엄성이 들어가야 한다.

자서전 쓰기란 자신이 겪었던 모든 사실을 서술하지만 실상은 눈에 보이지 않는 자신의 내면을 찾는 과정이다. 미국의 심리학자 A.매슬로Maslow's는 인간욕구 5단계설(hierarchy of needs)을 주장했다. 1단계는 생리 욕구이다. 2단계는 안전 욕구이다. 3단계는 애정·소속 욕구이다. 4단계는 존경 욕구로서 사람들과 친하게 지내고 싶은 욕구이다. 5단계는 자아실현 욕구인데 자기를 계속 발전시키고자 자신의 잠재력을 최대한 발휘하려는 욕구이다. 다른 욕구와 달리 욕구가 충족될수록 더욱 증대되는 경향을 보여 '성장 욕구'라고도 한다. 알고 이해하려는 인지 욕구나 심미 욕구 등이 여기에 포함된다. 자서전 쓰기는 5단계에 해당한다.

자서전은 그 열풍에 비해 이론과 작성법이 부족한 편이다. 현재까지는 자서전 내용을 엮기 위한 방편으로 중심 주제를 정리하는 수준에 머물고 있다. 이에 대해 한정란 공저 『노인 자서전쓰기』(학지사, 2004년)에서 다음과 같이 중심 주제를 소개하고 있다.

1) 내 인생의 전환점: 내 일생을 결정하게 된 선택의 순간. 대학 진학, 유학, 이민, 결혼, 취업, 가족 해체, 와병 등처럼 큰 사건이 있는 반면에 아주 사소한 사건도 해당될 수 있다. 인생의 전환점을 통해서 그 선택을 안 했더라면 어떤 인생을 살았을까 가정할 수 있다.

2) 가족: 태어나서 제일 먼저 접하는 사회집단. 부모, 형제, 친지들이 해당. 가장 영향을 많이 받은 가족, 가족과 공유한 체험, 갈등의 원인과 양상 등을 살핀다.

3) 일과 역할: 자신이 관여했던 모든 일(직업, 학업, 가사노동, 봉사활동)과 그 역할. 그에 따른 책임, 권한, 기대 등. 자신의 꿈과 닮고 싶은 역할 모델.

4) 사랑과 증오: 자신이 특별히 좋아했던 모든 것(사람, 장소, 물건, 일)과 증오의 대상. 사랑과 증오로 인한 자신의 변화를 살핀다.

5) 건강

6) 고난과 역경: 언제 어떤 일이었으며 어떻게 대처 극복했는가? 원인, 극복하는 데 도움이 되었던 일이나 사람, 극복의 결과까지 정리해 본다.

7) 인간관계: 자신에게 긍정적 또는 부정적 작용(트라우마)을 한다. 나에게 친구는 많았는지, 그로 인해 어떤 변화를 겪었으며 어떤 영향을 받았는지, 어떤 의미가 있었는지 등을 살펴본다.

8) 학문과 예술 활동: 평소의 호기심, 사색, 흥미 관심을 가지고 지속적으로 공부했던 것.

9) 신념과 가치관: 자신이 인생을 바라보는 안목, 처세관, 삶의 방식, 믿음, 돈, 명예, 사랑, 행복, 가족화목, 종교, 자신의 성격, 심리 상태, 무의식 영역 등을 살펴본다.

10) 이별과 죽음: 사람(가족, 친구, 연인 등)과의 이별, 가깝고 절친한 사람과의 사별.

(45쪽부터 참조)

이 사항은 평범한 사람들의 일생에서 큰 의미와 비중을 차지하는 분야이다. 이들을 중심으로 기억을 되살리면 무난한 수준의 자서전을 작성할 수 있다. 평범한 주인공이라도 늘 변하는 모습이 있어야 독자로선 역동감을 느끼며 읽을 수 있다. 자서전은 자신의 생애 중에서 다양한 소재들을 가지고 엮어가기에 주제가 복합적일 수 있다. 생애에 따른 변화가 있기 때문이다.

자서전 쓰기에서는 자신을 둘러싼 가정, 사회, 모든 상황, 환경, 여건 등을 우선 살피며 정리한 후에 '인생 연대표'를 만들면서 쓰기 계획을 세우는 방법도 있다. '인생 연대표' 작성은 가로 줄 목록에다 해당 년도, 나이, 개인사, 가족사, 사회적 사건 등을 기록하고서 내용을 채워나가는 것이다.

이 외에 가장 손쉬운 방법으로는 다음과 같이 소주제를 정하고 해당되는 내용을 떠올리며 쓰는 것이 있다.

1. 어린시절 - 태어난 곳, 자란 곳, 놀던 곳, 접했던 풍경, 친구, 부모님의 보살핌, 부모 형제와의 관계, 이사, 가정 형편, 건강상태, 정서 상태
2. 학창시절 - 친구, 선생님, 학교생활, 학업 이야기, 집안의 보살핌, 학교 외의 경험(사교육, 교회, 봉사활동 등등), 정서 상태
3. 결혼생활 - 연애, 결혼 당시 상황, 위기 상황
4. 자녀 출산 - 출산 당시 상황, 낳고 키우는 즐거움, 육아 이야기
5. 직장생활 - 취업 당시 상황, 직장적응과정, 지기 성취, 실패 또는 성공담.
6. 결혼 후의 가정생활 - 가족과의 관계, 자녀와의 관계, 자녀 키우는 방식, 가정 경제 운영하기, 이사.
7. 나의 인생관, 가치관, 철학, 처세관, 정서 등
8. 대인관계 - 용서할 사람, 용서하지 못할 사람, 감사할 사람
9. 기억에 남는 에피소드 - 겪은 이야기, 들은 이야기
10. 자녀에게 하고 싶은 말 - 부탁하는 말, 유언

자신의 생애를 전반적으로 돌이켜보며 쓰다 보면 개인사와 사회적 사건은 결코 무관하지 않다는 것을 알 수 있다. 사람은 사회의 영향을 받으며 사회화socialization하고 성장한다.

내용 구성법으로 가장 흔한 것은 연대기적 구성이 있고, 내 인생의 키워드key word를 중심으로 하는 주제별 구성, 특별한 경험담(성공담, 학창시절, 투병기, 직장생활, 법정 투쟁, 정치활동, 운동권, 군생활, 옥중기, 참회록, 이민생활, 직장생활, 특이한 직업담, 가정사, 육아, 대인관계 갈등, 여행기, 탐방기, 취미생활담, 예술활동 등등)을 중심으로 하는 구성법이 있다.

자서전의 내용을 구성하는 기본 요소로는 작가의 관점, 주인공(작가)의 성격적 특성, 주변 사람들과의 관계나 갈등 양상, 그와 관련된 여러 사건과 행위 등이 있다. 자서전 내용은 방대하다. "일기부터 자연에 대한 술회, 일화로 가득 찬 추억, 도덕적 증언에 이르기까지 방대한 범위의 글을 아우르고 있다."(빌 루어바흐,크리스틴 케클러, 홍선영 옮김 『내 삶의 글쓰기』 한스미디어, 2011년, 46쪽)

> 나는 그 사이에 깨달은 세계 사정에 대해 말씀드렸다. 또 선생님께서 평소에 교훈하시던 '존중화양이적'尊中華攘夷狄주의가 정당한 주의가 아니라는 것과, 눈이 들어가고 코가 높은 사람이면 덮어놓고 오랑캐라고 배척하는 것이 옳지 않다는 사실을 말하였다.
>
> "어느 나라를 막론하고, 먼저 그 나라 사람들의 경국대강經國大綱을 보고 오랑캐의 행실이 있으면 오랑캐로, 사람의 행실이 있으면 사람으로 대우함이 옳을 것입니다. 우리나라의 탐관오리들이 비록 사람의 얼굴을 가졌으나 금수의 행실이 많으니, 이것은 참으로 오랑캐의 소행입니다. (중략) 제 소견에는 오히려 오랑캐에게서 배울 것이 많고, 공맹에게서는 버릴 것이 많다고 생각됩니다." 내 이야기를 듣고서 고선생은 말하였다.
>
> — 도진순 주해, 백범 김구 자서전「백범일지」 돌베개,1997,178쪽 —

인용한 글은 역사 인물이 쓴 자서전으로서 시대상이 엿보인다. 개인의 삶에는 그 개인이 속했던 사회 모습, 시대 풍조나 관습, 문화적 현상 등을 읽을 수 있다. 그런 점에서 자서전은 귀중한 역사적, 사료적 자료가 될 수 있다.

고등학교 1학년이 끝날 무렵, 아버님이 갑자기 돌아가시자 우리 집은 파산이 되었다. 사촌 형님 댁에서의 더부살이 생활이 시작됐고, 고2, 3학년 시절 나는 내가 벌어서 학비도 충당하고 학용품도 사서 써야만 했다.(중략) 모든 것이 바뀌었다. 대학에 간 자와 못 간 자가 가려진 다음날부터 모든 것은 바뀌어 있었다. 고교시절의 푸르름이 진실이었던가? 자격지심이란 그런 것이었다. 이미 모든 것이 내게는 정상적으로 받아들여지지 않았다. 사팔뜨기의 눈을 하고 나는 숨어살아야 했다. '회색과 분홍빛으로 된 천정을 격해 놓고, 이 밤에 쥐는 나무를 깎고 나는 가슴을 깎는다.' 는 노천명의 글귀를 나는 이해한다. 그러나 당장 오늘의 끼니를 걱정해야 하는 나에게 무섭게 몰려오는 고독은 사치인지도 모른다.(중략)

나는 노동판에 뛰어 들었다. 고철 줍기, 야산에서 흙 파기, 짐수레 끌기, 신문팔이, 찹쌀떡 장사, 조개 캐기, 생선 장사….(중략)

젊은이여, 자신의 이야기를 털어놓는다는 것은 쑥스럽고 허전한 일이다. 그러나 내가 조금은 무거운 마음으로 내 이야기를 스스럼없이 들려주는 것은, 영광의 길재를 받는 사람보다도 고통을 당해 안경을 벗고 빈 하늘을 바라보는 쓸쓸한 젊은이들을 위로하기 위해서다.

(중략) 대학에 다니고 사회생활을 하면서도, 내 기부의 몸짓은 끊임없이 계속되어 왔다. 그러면서 그어온 내 삶의 궤적은 도대체 무엇인가? 나는 답하지 못한다. 그러나 분명한 사실은 모든 것이 내 주체적 의지에 의한 선택들이었고, 그렇기 때문에 거기에 후회란 있을 수 없다는 것이다. (중략) 오늘이 추운 젊은이여, 굳이 기대려고 하지 말라. 인생은 항상 새롭게 출발되는 것이란 사실을 가슴에 새기며 견디라, 이기라, 오늘 맞이한 그대의 추위를.

이 밤에 '찹쌀떡 사-려-'를 외치는 소리가 달려가는 자동차 소리에 묻어 들려온다. 저 젊은이를 불러야겠다. 그리고 로버스 프로스트의 〈가지 않는 길〉The Road Not Taken을 선사하고 싶다.

— 서한샘, 『젊은이여 네 꿈을 펼쳐라』, 한샘출판사, 1994 —

인용한 자서전에서는 필자의 교훈적 자세가 두드러져 있다. 교훈성이 타당성을 얻기 위해서 진솔하게 자기 고백을 하고 있다. 이처럼 자서전 내용을 이루는 개인의 이야기란 친화력이 강한 일상 이야기라서 부담 없이 읽히며 인생사에 대한 깨달음의 즐거움을 안겨주기도 한다. 자서전이 가치 있는 글이 되기 위해서는 쓴 사람의 개별적 체험담, 인생관, 사고방식 등을 다소 교훈성을 지닌 채 들려줄 수 있다.

1997년 2월과 3월 사이에 나는 나의 달리기 생활의 어려운 장애물 하나를 극복했다. 이것을 여기서 언급하고 넘어가야겠다. 고통의 단계가 끝난 것이다. 이제 달리기는 몇 개월 전처럼 힘을 소진하게 하는 육체적 고통이 아니었다. 이제 나는 달리기를 즐기기에 충분한 기본 조건을 갖추게 된 것이었다. 그래서 달리기를 하는 동안 내 몸의 어느 구석에서도 고통을 받을 필요가 없었다. 오히려 장거리 달리기라는 다른 차원을 열어젖힐 수 있게 되었다. 내 몸 상태는 점점 더 좋아졌고 거리는 계속해서 늘어났다.

그와 함께 소위 엔도르핀-킥 또는 터널효과라고 하는 것을 느낄 수 있게 되었다. 약 7킬로미터를 달리면 그 이후에는 엔도르핀의 분비가 감지된다. 동시에 발걸음의 단조로운 리듬을 타면서 진짜 놀랍게도 머릿속에서 자신의 존재 자체를 잊어버리는 무아지경의 상태에 빠지게 된다. 나는 달리기 경험을 통해 이런 것을 느끼는 것에 더 흥미를 느끼게 되었다. 그래서 나는 다음에는 얼마나 더 먼 거리를 뛸 수 있을지 가슴이 두근거릴 정도로 날이 밝기를 기다렸다.

봄이 되자 나는 스포츠 센터에서의 운동보다는 달리기에만 완전히 집중하게 되었다. 앞에서 말한 바와 같은 이유로 나는 달리기의 매력에 푹 빠진 마니아가 되기 시작했고 점점 더 거리 늘리기에 관심을 갖기 시작했다. 체중은 계속 줄었다. 나는 매일 아침 저울에 올라가서 가장 최근의 결과를 정확히 확인했다. 변화는 계속 일어났다.

— 요쉬카 피셔, 선주성 옮김, 『나는 달린다』 궁리, 2000, 116~177쪽 —

오십이라는 나이가 새 옷처럼 도무지 거북하더니 어느새 편안해졌다. 세월은 유수와 같다. 실험실에 틀어박혀 복제 연구에 매달린지 20여 년, 문득 생각하니 중년도 훌쩍 넘어 있다. 지난날을 돌아볼 시간도 없이 앞으로만 내달려온 나날이었다.(중략)

한번은 서울대 구내식당에서 중견 교수 몇 분과 식사를 하고 있었다. 원자력발전소 건설 문제로 부안이 회오리에 휩쓸려 있던 무렵이다. 식사 중 한담으로 이런저런 말이 오가다가 "공공기관 중에서 전력소비량이 가장 많고, 원자력 관련 연구비 수혜 비율이 가장 높은 서울대학교 교수들은 대체 무엇을 하고 있는가"하는 자탄을 했다. 텔레비전을 통해 성난 부안 주민들의 모습을 보는 동안 내내 나는 부끄러웠다.

대한민국에서 교수란 무엇인가. 무엇을 해야 하며 어떻게 살아가야 할까. 열 살도 안 된 어린 소년이 엄동설한에 촛불을 치켜든 채 찬 바람 휘몰아치는 거리로 달려나가고, 먹고사는 일의 버거움이 골 깊은 주름으로 고스란히 드러난 시골 촌부들아 목이 터져라 원전 반대를 외치고 있는 바로 그때, 나는 스팀으로 잘 데워진 연구실에서 컴퓨터 화면만 바라보고 있었다. (중략) 식당에서 그런 말이 오간 후 (중략) 우연한 기회에 60여 명의 서울대 교수들이 총장에게 원전수거물 처리시설을 서울대 관악 캠퍼스에 유치하자는 건의문을 올리게 된 것이다. (중략) 일각에서는 이 작은 사건을 두고 '실현 가능성이 전무한 생쇼'라든가, 유치 결정의 주체가 되어야할 지자체나 주민들과 사전 협의 없이 '졸속으로 이루어진 장난'이라는 혹평을 하기도 했다. (중략) 이 사건은 사회의 혜택을 받으며 성장한 지도층이 자신을 키운 사회에 대해 무언가 책임 있는 주장을 해야 한다는 자발적인 반성의 표시요, 적극적인 행동의 첫발이었다.

— 황우석, 「생명은 희망이다」, 『나의 생명 이야기』, 효형출판, 2004, 173~174쪽 —

인용한 글은 모두 수필이지만 자서전처럼 자기 고백성이 강하게 나와 있다. 그 외 개별적 체험에 따른 지식과 정보도 들어 있다. 자서전은 이런 글처럼 자신의 체험에 따른 견해가 들어가야 가치 있는 글이 된다.

외적인 사건에 따른 개인의 생각을 보여주는 자서전이 있는가 하면 외적인 사건보다는 정신 세계나 개인이 추구하는 가치관을 서술한 자서전이 있다. 헨리 데이비드 소로우의 『월든』(1854), 아우구스티노스의 『고백록』(401), 앙드레 지드의 『지상의 양식』, 『간디 자서전』, 김태길의 장편수필 『흐르지 않는 세월』 등이 그 예이다.

서양의 경우 자서전이 훌륭한 문학작품이 된 예는 많으며 18세기 초에 소설의 모태가 되었다. 또한 역사상 위대한 문학 작품은 자서전에서 나왔다. 아우구스티누스의 『고백록』Confession, 존 번연(1628~1688)의 『충만한 은총』Grace Abounding to thechief of sinners, 워즈워드의 장시 『전주곡』, 괴테의 『시와 진실』, 오스카 와일드의 『옥중기』, 말콤 엑스의 『자서전』, 『벤자민 프랭크린 자서전』 등이 그 예이다.

또한 자전소설이란 명칭을 통해서 자서전의 소설적 특성이 이론화되기 시작했다. 동서양 현대 소설 중에서도 자전적 특성을 지닌 소설 또는 성장소설이 있었다. 마르셀 프로스트의 장편 『잃어버린 시간을 찾아서』, 제롬 데이비드 샐린저의 장편 『호밀밭의 파수꾼』, 박완서의 중편 『엄마의 말뚝』, 신경숙의 장편 『외딴방』, 황석영의 장편 『바리데기』, 김형경의 장편 『세월』 1,2,3 등이 그 예이다.

자전적 소설은 자기 생애의 일부를 소설 형식으로 쓴 것이다. 소설 형식이라고 밝힌 이상 허구성이 들어갈 수 있다. 어떤 내용에서 해당 인물과 해당 사건은 실지 사건과 아무리 부합되게 썼더라도 전체 내용과의 조화를 위해서 적절한 가감加減, 삭제가 필요하다. 자전적 소설은 반드시 일인칭으로 서술하는 자서전과는 달리 3인칭으로도 쓸 수 있다.

자서전에서 필자 자신의 생애를 기억해내고 서술하면서 독자에게 들려주는 주체와 내용의 주인공은 바로 작가 자신이다. 그런 점에서 자서전은 극히 주관성을 띤다. 그렇다 해도 글에 대한 자신의 정직성, 진실성이 핵심이다. 기억되는 과거 내용 그 자체보다는 기억하고 있는 현재 시점에서 바라보는 객관적 안목이 중요하다. 그러기 위해선 자신을 올바로 이해해야 한다. 자신의 장단점, 잘했던 일과 실패했던 일, 보람된 일과 후회스런 일 등을 정직하게 바라보는 마음이 있어야 글의 진실성이 살아난다. 자신의 입장에서 사실대로 쓰되 올바른 해석 평가가 깃든 객관적 시선을 유지해야 한다. 자신의 경험담을 그대로 쓰는 일은 허구적인 이야기를 구상해서 써야 하는 소설 창작에 비해 수월한 편이다. 그러나 그 경험담을 객관적 시선으로 바라보고 평가하는 일은 쉽지 않다. 자신이 경험 관찰했던 내용에 대해 '왜?' 라는 질문을 던져보아야 한다. 그렇게 해야 내용에서 논리성과 보편성을 유지할 수 있다.

자서전이 쓰는 사람 입장에선 사실문학이라 해도 진실을 지향해야 한다. 흥미를 가미하느라 일부러 문맥에 맞지 않게 내용을 과장해서 쓰면 독자는 눈치로 알아차리기 마련이다. 수필도 그렇듯이 자서전과 같은 사실문학에서도 약간의 허구성이 전체 문맥을 해치지 않는 한도에서 허용될 수는 있다. 내용 작성에서 정황에 맞지 않는 과장과 진실성이 깃든 허구적 창조는 분명 다르다.

3. 자서전의 무제한성에 따른 한계점과 새로운 경향

"인생이 짧기는 하지만 훌륭하고 영예롭게 살기에는 충분히 길다."(키케로)라는 말대로 평범한 사람의 일생에도 나름대로 인생을 열심히 살아왔다는 흔적이 있는 한 그 안에는 남에게 읽혀질 가치 있는 보물이 있기 마련이다. 우리의 일생도 한 편의 소설처럼 파란만장함과 무궁무진한 사건이 있기에 기록할 가치가 있는 것이다. 이런 논리에 입각해서 자서전 쓰기는 한층 내용의 무제한성을 띤다. 그런데 이 무제한성이 자칫하면 감동을 주지 못하는 상투적 내용으로 흐를 우려가 있다.

> 자서전이라고 하면 대다수의 사람들은 '유명한 사람, 성공한 사람이 자신의 빛나는 성과나 업적을 남기기 위해 지난날을 회고하면서 기록한 것' 으로 이해하고 있는 것 같다. 자신에 대한 기록이니, 틀린 답은 아니다. 하지만 인터넷 블로그 · 카페 등을 통한 글쓰기가 일반화 되고 평범한 사람들이 자기 책을 내는 일이 많아지면서, 이제 자서전은 결코 유명 인사들만의 전유물이 아니게 됐다. 또 사업에선 실패했을 지라도, 우리는 자기 인생에서 모두 성공한 사람들이다. 비록 당신이 지난 삶의 여정에서 넘어지고 자빠지고 웅덩이에 빠지는 일을 여러 번 경험했을지라도, 그래서 자신의 어리석음과 과오에 대해 절절히 반성하는 삶을 살았을지라도, 당신은 자서전을 쓸 자격을 충분히 갖췄다. 오히려 그런 질곡을 거쳐 오늘에 이르렀기에, 당신은 더욱 쓸 거리를 풍성하게 확보하고 있는 것이다.
>
> — 봉은희(작가북코치자서전 쓰기 전문강사) —

이 글에서도 자서전 쓰기의 무제한성을 일정 기준이 없이 허용하고 있다는 것을 알 수 있다. 자서전 쓰기란 모든 국민에게 아무 얘기라도 무조건 수다를 떨라고 부추기는 격이 된다. 평범한 사람의 평범한 자서전이 무조건 읽을 가치를 지녔다는 이런 논리는 자서전의 원칙 없는 개방성으로 치닫기에 자칫하면 자서전의 질적 저하를 가져올 우려가 있다. 하나의 에피소드를 나열했다 해도 무언가 의미가 있어야지 그렇지 못하면 단순한 수다 떨기에 그치기 때문이다.

기록성과 실용성에 치중해서 쓰는 자서전도 있지만 어떤 주제에서 어떤 방법으로 썼느냐에 따라 충분히 문학성을 갖춘 한 편의 작품(work, text)으로 인정되는 자서전이 있다. 그런 의미에서 자서전 쓰기에 대해서 단순한 객관적 사실 기록물에 그치느냐 자기만의 의미를 부여한 스토리텔링 수준으로 완성하느냐를 고민해야 한다. 스토리는 단순하고 가벼운 이야기로서 수다 떠는 이야기이다. 스토리텔링은 일정한 형식, 시공간, 주제를 지닌 이야기이다. 자서전은 스토리텔링을 지향해야 한다. 자서전이 최소한 본격 문학으로 인정받기 위해선 이 무제한하고 방대한 일생 체험담에서 가치 있는 의미에 가치 있는 내용을 발굴해서 쓰는 것이 급선무하다.

자서전 쓰기는 소설 창작의 하위 단계에 머물고 있다 해도, 자서전은 소설처럼 이야기이면서 담론discourse이라는 두 영역을 지니고 있다. 소설의 기본 3요소(주제, 구성, 문체)와 구성의 3요소(인물, 사건, 배경)은 모두 자서전에도 있다.

글에서 주제를 글 내용에다 직접적으로 드러내는 경우가 있고, 그렇지 않는 경우가 있다. 작가로서 독자에게 직접 해설하며 주제를 가르쳐주는 표현방식이 있는가 하면, 자신의 사실 경험담과 사색한 내용을 보여주거나 들려주면서 독자에게 그 주제에 대한 판단을 맡기는 표현방식이 있다. 기존의 자서전은 대체로 전자에 속했지만 요즘 들어 후자로 기울어지고 있다. 독자에게 내용 유추에 따라 열린 해석을 요구하는 것이다. 그렇다고 주제를 애매하게 전달하면 곤란하다. 자서전에서 표현의 애매함은 금물이다.

자서전에서는 사고를 확산하는 관점이 필요하다. 남들도 겪은 똑같은 사건이라도 남과 다른 시각으로 바라보고 해석한 바를 기록해야 자서전의 주제가 참신해진다. 그 기준은 자서전 내용이 담은 개별성과 보편성이란 관점에서 시작한다. 자서전 내용은 그 자체가 개인의 개별적 이야기란 점에선 개별성을 지니고 있다. 이 개별적 이야기를 쓰고 발표할 수 있다는 것은 독자에게 공감을 줄 수 있다는 확신 때문이다. 독자는 개별적 이야기를 통해서 보편타당한 세상사를 읽어낼 수 있기 때문에 자서전은 그 어떤 내용이라도 독자와의 소통이 가능한 것이어야 하는 것을 암묵적으로 약속하고 있다. 자서전에는 현재까지 일정한 작법은 없다. 개성적인 방법을 개발하는 것이 좋다.

자서전이 본격적 문학작품으로 창작(?)되기 위해선 재미 외에 고뇌, 각성, 성찰이 담겨야 한다. 가장 흔한 것으로 교훈성을 들 수 있다. 교훈성에는 일정한 기준이 있어야 하지만 대체로 사필귀정이나 타산지석을 말해주는 인생사, 인생 지혜, 처세술, 인생 공부, 성공담, 공연한 집착이나 욕망에 따른 허무함 등으로 정리할 수 있다. 자서전에는 저자의 상처가 나와 있다 해도 궁극적으로 치유하는 모습이 나타나야 한다. 독자는 해결된 결말을 요구하기 때문이다.

자서전 쓰기를 위해서 풍부한 체험이 담긴 각자의 인생을 회고한다면 일단 소재거리의 풍부함에서는 성공이지만 그 자체가 그대로 작품의 완성도로 이어진다고 보장保障할 수는 없다. 글이란 생각나는 대로 자유롭게 무작정 쓴다고 해서 완성되는 것이 아니라서, 자서전의 장점인 자유로운 집필 과정에 대해서는 그 문학적 한계 유무를 점검할 필요가 있는 것이다. 자서전 쓰기는 진실성을 가지고 자신의 인생을 나름대로 열심히 살면서 가치 있는 경험담과 주제를 발견한 사람만이 접근해야 한다. (*)

詩

시 |

강명숙

들꽃 외 2편

최선을 다한 배우,
관객의 힘찬 박수갈채에서
감격의 눈물 흘리지만
박수의 주인공은
꼭 큰 역할이 아닐 수도 있다

공평한 하늘 아래 하찮은 배역은 없다
비중이 아무리 작을지라도
각자는 수줍은 대로 신이 선택한 배우
가장자리 놓여 호되게 짓밟히다가
세찬 바람 앞에 철썩 무릎 꿇더라도
새벽이슬에 기어코 소생하고야마는
질기디질긴 생명

아파도 용케 참아내며
슬플 때 대신 울어주는
이리저리 흔들리며 피는 그대
우뚝 솟진 않았을지언정
심저의 뜨거운 호흡으로
겨우내 갈라져 삐걱대는 것들 아우르며
전 들판에 생기 불러일으킨다.

마지막 뒤풀이

그녀는 안간힘으로 눈을 떴다
눈 뜬 후 둘러보지만
말할 수 없는 입술
파르르 떨다 곧 다시 감은 눈이 마지막이었다
사람들은 소리 내어 울었다
조금만 더 있다가라고 안타까와 했다

−그만하면 잘 했어
자기 몫은 한 거야
잘 가시게
자식들에게 복이나 빌어주시고
다음 번엔 좀 가볍고 재미있는 역할 해보시게

누구에게나 순간은 너무나 짧아
수많은 리허설 후에라도
제 3막은 언제나 낯설고 가슴 메어진다
그동안 꽤나 버거웠을 분장 말끔히 지우시고
소리 없이 훨훨 날아오르는 당신
어디를 봐도 후회 없는 연기였습니다.

어느 가을 오후

빵 한 조각에
공터로 까맣게 몰려드는 개미들,
바벨탑 세워 분노하게 하면
한방에 날릴 수도 있지만
먹이고 살리는 능력 있어
하늘에서 양식 넉넉히 내려주는 날에는
누구보다 인자한 구세주
배고픈 백성들
맘껏 먹고 쉬는 중
곤고한 날 예비 위해
바리바리 싣고 갈 여분 또한 준비한다
주머니 속 구겨진 빵이
훨훨 하늘을 날다가
마침내 눈물겨운 환호를 받는 날
고개 숙인 한 사람이 하느님처럼 하얗게 웃었다
나뭇잎 모두 떨어져 구멍 숭숭 뚫린 오후.

가을에 씻긴 눈물 외 2편

민들레 홀씨가 엷은 바람에
제 자리 찾아 날아가던 날
실눈을 게슴츠레 뜨고
빨래를 널고 있는
아내의 앞치마에 맺힌 눈물이
봄 바람결에 우수수 낙엽처럼 떨어지고

보리쌀 한 되 없던 그 시절
을씨년스러운 가슴만
보글보글 끓어
보이지 않는 눈물이 앞을 가려도

푸른 꽃 피우려 꼭 움켜진
가슴과 마음의 정쟁에
무거운 발걸음 이리저리 비뚤대며
온기의 바람을 찾아

민들레 홀씨가 발아되어
하얗고, 노랗게 꽃을 피우듯
넓은 광야에는 초록의 물결로 조화를 이루어
눈물을 웃음으로 가을을 열고 있다

귀향

한 점 바람에
날려가는 새털구름
기다림에 지친 석양은
고향 산마루에
앉아있는데

내 혼을 실은
달빛은 별과 함께
고향 강 언덕을
거닐고 있다

들녘을
가로질러 누운
곱씹어온 지난날
그 추억

시련을 딛고
한 걸음
한 발자국씩
젊음을 불태우며

어제를 발판으로
오늘을 딛고
내일의 꿈을 향하여
채찍질하고 있다

여름밤의 수묵화

고즈넉한 달빛을 품은
자호천
맑은 물위에
수은등 불빛이 춤을 추는
여름밤의 정경

쉬 잠들지 않은 바람도
풍광어린 자호천에 발 담그며
말은 통하지 않아도
문화의 빛으로 열변을 토해내고 있다

여름밤을 수놓는 분수대의
시원한 물줄기는
젊음을 뛰어넘어
사랑으로 젖어 내리고

자호천 젖줄은
로맨스를 이어가며
주남들 신경제성장을
풍성한 빛으로 나타내고 있다

시

권아올(권중화)

심로 외 3편

나는 슬픔의 이해를 위해
늘 헤아려 봅니다
오늘도 무수히 허공으로
내뱉는 슬픈 언어의 사라짐
결코 거부 할 수 없는 이 길입니다
사막의 한 켠에 목 타는
잡초 같은 갈증도
아직은 도사린 설움을
터트리지 못합니다
아침이슬의 촉촉한 반짝임을
머금은 잡초들처럼
나는 아니다 할 수 없는
그 길을 헤매다
오늘도 무임승차한 엘리베이터 안에서
낯선 타인의 슬픔마저 훔칩니다.

봄이 오면

꽃비가 흩날리는 날
세월마저 거스르는 서릿발을 지닌
어머니의 시름을 보았다
태고의 골 깊은 목주름은
시간의 속성을 깨트리는 그 설움은
내 가슴에 더욱 깊숙이 다가온다
그 스미던 아픔에 주체하지 못한
서글픔이 밀려올 때
초저녁 석양도 몸을 감출 줄 몰라
고향녘 하늘 아래 작은 연못가로
밀려드는 물비늘마저 붉게 물들인다
미처 못 피운 산벚꽃마저 바람에 날려
물가를 붉게 수놓는다.

사랑을 심고

하늘을 밀고 있는 낮달을 품고 파아란 봉우리에 서서
능선바람에 서로의 몸을 부딪는 오롯한 두 송이 원추리는
흐르는 한 송이 구름에 엄마의 젊던 얼굴을 새기고
맑은 햇살에선 아롱진 여동생 내외의 따스한 커피향기를 맡고
바람을 가르는 산새는 아들이 펼친 비상의 깃털입니다
간밤에 내린 이슬을 털어내는 패랭이 꽃무리에 담긴 딸이 겨워
가슴 깊이 간직한 그들의 의자를 펼치고 싶습니다
우리는 사랑을 했고 사랑을 하고 또 사랑할 것입니다
그래서 휴일이면 나는 푸른 별빛이 되어 산으로 갑니다.

삶, 그것은

홀로 존재 할 때
느끼는 허무는
일상의 허기에 시달린
나를 밀어
삶을 덧나게 합니다
하얗게 지샌
긴 밤에 흘린 눈물은
피눈물 되어
메마른 나의 가슴으로
깊이 파고 듭니다
아직은 멀고 거치른 여정에
서서히 지쳐가는
나는 홀로 입니다.

김다솔

예순 즈음에 외 2편

만추에 흔들리는 길목은 허허롭다
이별을 준비하는 휑한 들녘이
적막함으로 물들어 간다
가을바람에 흔들리는 들꽃 위에
갈길 잃은 나비 한 마리 날아와
파르르 정적을 깨우는 소리
은빛 하늘이 나비 나래 위에 내려앉고
세상은 살구빛으로 물든다

"어라, 너희는 아직도 봄날이었구나."

시들어가는 꽃잎에 날아든 저 나비,
잔잔하던 내 가슴은 왜 이리 설레는지……
내 나이 예순 즈음에

아랫마을 사람들

그해
봄 속에서 겨울이 오고 있었지
느닷없이 닥친 눈보라가
이미 드리워진 그림자에 가리어
울분을 토해내듯
마구 솟아지고 있었지
이제 막 고개를 들고 일어나는
야윈 새순도 덮어 버리고
저 아랫마을
이리저리 버려진 쓰레기 더미와
무질서한 것들도 하얗게 덮어버렸지
하얗다 온통 하얗다

새벽과 아침이 맞닿는 지점에서
구슬픈 승냥이의 울음소리가
긴 언덕을 돌아 간 뒤에
구름 사이로 열리는 빛
내려오는 빛이
저 아래 마을을 응시하고 있는데
댓잎을 헤치고 달려온 빛 그림자가 말하네
봄은
전날 밤 내린 눈 속에서
다시 움츠리고 있다고

너를 읽다

아득한 그 눈길
조용히 응시하면
어느 삶의 조각이 이루어낸
아름다운 문장의 시행
한 장 한 장 넘기다 보면
달빛이 내려다보고
바람이 스쳐가도
밤 깊은 줄 모른다
아~
사람과 사람들이 엮어낸
한 단락의 이야기
멈칫,
솟구치는 감성
펄럭이는 너의 잔상들……

너로 인한
목마름은
우주의 행간을 건너게 한다

시

김도연

물결나비 외 2편

비 그친 오후
거미줄에 걸린 물결나비 한 마리

있는 힘을 다해 날갯짓을 하지만 파닥일수록
운신의 폭이 좁아진다
건강하던 꼬리와 성능 좋던 더듬이는 이미
무용지물
모두가 쓸모가 없다

끈끈한 거미줄이 온몸을 옥죌 때
빗방울의 무게만큼 거미줄이 축 쳐져 늘어난다

거미줄에 매달린 빗방울이
나비의 겹눈을 스치고 또르르 굴러 떨어진다

짤막한 유언이 나비 날개에 그림자로 남는다

꽃 도둑

국화 옆에서도 아니고 소쩍새 우는 밤도 아니고
거울 앞에 선 밤도 아닌
여느 가을밤
비가 내린다
모가지 부러진 가을꽃 대궁들이
엊그제 내린 설악의 첫서리에 축 쳐진 배추 잎처럼
서릿발 하얀 속울음 운다

바라보는 눈시울은 붉어져
쪼그리고 앉아 망연히 시선 떨구다
생각에 잠기다가
황급히 일어서는데
발목 붙잡는 짙은 향기
여행길에 안고 온 것은 들국화가 아닌
오가다가 만난 사연에 묻어난
기억이었나 보다

어둠 깔린 창밖에 비가 내린다
베란다 찬 바닥 위에 굴러다니는 꽃모가지는
날개가 없다

마른 눈물 닦으며 다음 생에 우리 다시 만날 거라고
꽃무덤에도 가을비 듣는다

꽃만 보면 도벽이 생겨요
나는 죄질 나쁜 꽃 도둑이었나 보다

꽃밥이나 지을까요

아버지 무덤가에 핀 하얀 찔레꽃을 보고
나는 배가 고파져서
잎잎, 꽃잎을
따기 시작했어요
꽃잎꽃잎꽃잎
잎잎잎들이 금세
치맛자락 가득 찼어요

찔레꽃 하, 희어서 하얗게 하얗게 울었습니다

따끈따끈
몽실몽실 하얀 쌀밥
떡갈나무 잎에 공손히 퍼 담아
밥상을 차렸어요

아부지!
밥 냄새 참말로 찐하제!
이 향기가
그곳까지 배달될까유?

햇살 붉어진 눈시울을 뒤로 하고
고시레고시레 꽃밥을 던지며

너스레너스레
꽃몸살을 앓았지요
하얀 꽃밥의 눈물을 먹었지요

오늘도 찔레꽃 하, 희어서 하얗게 하얗게 울었습니다

김무영

바다로 간 별 외 2편

너에게 편지를 쓴다
단숨에 써 내려간 내 마음이 멈췄다
파랗게 질린 채 내게로 달려든 별

들고 날 때마다
무너져 내린 길 위로
별 하나

애원도 사무쳐 스러지고
그리움마저 바다에 드리운 첫새벽
절망을 걷으려 바다로 간다

콩나물

콩나물은 물을 싫어했다
먼저 물속에 집어넣어려고
기운은 다 빠져나가
몸만 가늘어져 쭈빗거린다
콩은 원래 통통하고 아름다웠다
콩을 상상할 때 항상 뽀얗고 예쁜 모습이었지만
시루통에 갖힌 콩은 아우성이다
처음엔 그 물이 좋아 받아 마셨다
그러다가 중독이 되어
앙상한 뿌리와 가는 허리와 시기만 남은 몰골을 하고
자신을 가누지 못한 채 허물을 벗고 만다
누가 헤치든가 아예 통째 앗아가도 모를 무의식으로 허우적거리다가
목과 다리가 잘려 나가고
콩이라는 의식의 상태가 완전히 다른 외계인이 되어
꿈속으로 사라지는 것이다
그들은 그들의 자손에게 그 진실을 알리지 못하고 사라지기에
아직도 그 물을 마시고 있다

파도

고동 소라 잠수한 그들의 노래를 건져내고 있다
까맣게 타 버린 물 질피의 자존심을 위하여 거품을 내고 있다
선잠에 들지 않도록 쉴 새 없이 지켜 서 있다

파도가 소리 내지 않는 까닭은
갈매기소리를 더욱 깊이 들으려는
아가의 소망을 위해
바다 속으로 잠수하는 거다

거품을 내지 않는 이유는
청각 파래 그 청초한 빛을 선명하게 보이도록 하기 위함이다

울지 않는 것은 바위의 슬픔이 더욱 커질까
다만 속으로 울고 있는 거다

시 |

김민채

남자의 계단 외 2편

북어 한 마리 두드려 속을 달랜다
까치집 짓고 충혈된 눈 속

한걸음
두걸음
하루를 마주하는 햇살은
붉고 붉게 흔들어댄다

찔레꽃 너는

하얀 수건 두르며
밭을 매는 엄마는 허덕이는 아이들의 젖줄이다

이슬 머금은 순백의 자유로움이
벌판에 마구잡이로 흐드러지고
여린 순을 향한 거침없는 손놀림에 반항하듯
가시는 손등을 붉게 물들인다

핏물인지, 눈물인지
떨어지는 서글픔도 잔잔히
품속으로 뛰어오는 아이들의 거침없는 호흡이
나를 삼킨다

등목

이어진 곡선 물줄기 따라가니
웅덩이 가득 집을 짓고 있는 추억의 소리
졸졸졸
어느새 등목을 기다리는 단발머리 까만콩이 생각난다

힘겨운 펌프질이
쫘악 쫘르르
소리를 내면
어머니의 거친 손바닥이
나의 등을 후려치며 가난을 토해낸다

까만 콩은 폴짝폴짝
굳어버린 등짝을 천공의 별에게 위로받으며
모기 쫓는 불씨에
여름이 타들어간다

시

김복수

가을 외 4편

풀잎이
풀잎에게

갈잎이
갈잎에게

내가
나에게

서로
할 말을 입에 담고 있다

이제
헤어지느냐?
그래!

찬바람 불고
서리가 하얗게 내리는 밤이다

들에 핀 봄

누가 연출한 하모니일까?

종달새가 소프라노를
송아지가 알토를
엄마소가 베이스를
염소가 카운터테너를

아! 이렇게 멋진 음악을 들려주는

비움을 따라 나서다

바람 피우다 들킨 남정네처럼
세상살이 근심걱정 한 짐 짊어지고
이제는 속세를 떠나고 싶다는 비움을 따라 나섰다

아무도 살지 않는 첩첩산중 조그만 오두막에
비움은 자연과 살고 있었다
비움이 자연에게 마음을 비워주면
자연은 비움의 마음을 들여다본다 했다

눈도 내리지 않으면서 춥고 매운
어느 날 살짝 찾아보았다
자연은 계곡 얼음물에 발 담그고 세월 세월 흐르고
비움은 갈참나무처럼 이파리를 모두 떠나보내고
무상 무상 하며 빈 몸으로 서 있었다
그런데 산감나무 한 그루 홍시 몇 알 손에 들고
누군가를 기다리다

어서 따뜻한 집에나 가보라고
글썽글썽 거린다

오침午寢

나무 이파리 위에
지나던 바람
햇볕 덮고
낮잠 즐긴다
무당벌레 한 마리
설법하려 왔다가
이내
바람 곁에 엎드려 잠이 들고 만다

쉿! 조용
바람 깨우실라

임종

형들이 대학을 다니고 있을 때
나는 아버지 논두렁 학교에 입학했다

형들이 서류가방을 들고 뛰어다닐 때
나는 지게를 지고 뛰어야 했다

형들이 갈비를 뜯고 있을 때
나는 여윈 소 잔등 어루만지며 달래고 있었다

형들이 회전의자에 앉아 돈을 세고 있을 때
나는 비탈밭에 사과나무를 심고 있었다

형들이 양주에 취해 비틀거릴 때
나는 아버지 학교에 취해 있었다

어느 달리는 바람이 툇마루에 걸터앉아
아버지를 부르던 날

아버지는 내손을 꼭 잡고
"미안하다 너에게 날개를 달아주지 못했구나"

그러나 나는 가만히 속으로 대답했다
"아버지 저에게 날개를 달아 주셨습니다
그러나 깃털이 없어 멀리 날지 못했을 뿐입니다"라고

산상수훈山上垂訓 2 외 4편

조상이 물려준 논밭뙈기 일구며
평생 무지렁이로 살아온
무쇠 같은 몸뚱이
세월엔 장사가 없다고 했던가
궂은 날이면
어김없이 혼절하는 청춘이여
전철 무임승차 덕분에
봄볕에 이끌려 무작정 나선 길
마땅한 소일거리도 없고
손자들 재롱도 외면당하고
울컥 참았던 설움이 솟구쳐 올라
민망한 하늘을 훔쳐본다
파고다공원 뒷골목 국밥집에서
허름한 주머니 눈치 보며
힘겹게 숟가락 움켜쥔 노인들

네 어머니, 아버지시니
따뜻한 국물 한 그릇 대접하라

수봉산 설경

1937년, 그 해 관측 이후
최대의 폭설로 기록된 날 어쩌면
빙하기로 회귀하려는
지구의 탄식일지도 모른다는 섬뜩한 절망감이
등뼈를 타고 흘러내린다
천혜의 기회를 놓치지 않으려는
연인들은 수봉산에 올라
허겁지겁 카메라에 사랑을 주워 담고
철부지 아이들의 환호가
쇼팽의 '첼로소나타 G단조, Op.65'에 실려
영면하는 재일학도병 참전비
무명용사의 철모 위로 두껍게 쌓인다
반백 년 가슴에 묻어둔 이름
어머니!
부르다가 끝내 돋아나는 눈물방울
순백의 대지는 금방 핏빛으로 물든다
차마 염치가 없어
카메라 셔터를 누를 수가 없다
피 한 방울 하얀 손수건으로 거두어
안주머니에 꼬깃꼬깃 챙긴다
푸드덕, 비둘기 한 마리
천상으로 평화롭게 날아오른다

겨울비

두꺼운 외투 헤집고
품으로 파고드는
식은 허기
따끈한 설렁탕 한 그릇으로도
채워지지 않는 공복감
결빙된 꿈 조각들이
하늘의 만나처럼
빙판길 위로 내려앉는다

연탄재로 덧 포장된
낯익은 골목길 어귀에서
미사포 뒤집어 쓴
초로初老의 여인이
참회의 눈물 쏟고 있다

산동네 지키는
둔탁한 교회당 종소리에
무대조명 밝혀지고
나 아직 멀쩡히 살아있노라고
광대 옷 걸친 햄릿
짜릿한 독백 토해낸다

가시고기

음식보따리 바리바리 챙겨
품속에 보듬고
백두대간 늑골을 넘어
찾아간 고성에서
부사관 계급장으로 치장한
장한 아들
꿈결처럼 만나다

겨우 하룻밤
가슴에 준비한 말
마저 풀어놓지도 못하고
되짚어 오는 길
심장 한 자락 베어주고도
왠지 모자라는 것 같아
자꾸만, 자꾸만
거꾸로 돌아가는 시곗바늘

평생 당신의 몸에서
살점 떼어
자식을 키워낸 어머니
밤마다 기도로 쓴은

굵은 눈물방울
차창을 뚫고 들어와
내 혈관을 타고
고단한 자장가로 흐른다

윤동주 무덤 앞에서

요령鐃鈴도 흔들지 못하고
백골로 찾아온 고향
낯선 이방인의 땅이 웬 말인가
옹색한 무덤 위에
차디찬 슬픔으로 일어서는 풀
생전의 소망대로 무성한데
북간도 하늘 우러러보며
한 점 부끄럼 없기를
기도하던 시인이여
아직 헤지 못한 이름이 남아
일송정에 샛별 붉게 떠오르는가
해환海煥*, 망각의 시간 깨고
뚜벅뚜벅 걸어 나오시오
해란강가 초막에
조촐한 만찬 준비되었으니
하늘, 바람, 별 불러내고
기타줄 뜯으며
창가唱歌 한 곡조
구성지게 불러보고 싶소

* 해환(海煥)_ 윤동주의 아명

김수노기

가을은 여자다 외 2편

깨질듯 한 햇살이 그렇고
스산한 바람이 그렇고
높다랗게 널린 구름이 그렇다

간들대며 눈웃음 헤피 치는
코스모스며
웃고 울다 세월 떨구는
도토리와 알밤이며
해거름부터 눈물지게 들떠 있는
달맞이꽃이며

가을은 여자다.

연인

누가 그 사람 안부를 물으면 그저 웃지요
예전처럼 환하게
아직 풀리지 않은 내 아픔이
남의 가슴에 슬픔으로 번지는 건 싫어요
세월이 가고 가슴에 멍이 삭아 흔적 없어질 즈음
아픔 없는 그저 그런 얘기로 말 할 수 있는 날
아니, 평생 그런 날이 오지 않으면
그냥 가슴에 묻고 오래 전 그때로 돌아가
내숭스레 살래요

전화기에서 멀어지고
우체통을 떠난 이름 석 자가 안타깝지만
한 번도 그리움에 울어 본적 없는 여자처럼
늘 웃으며 살래요.

그 집

봄이면 우물가에 수국이 만개하고
울타리엔 황매화가 흐드러지게 피던 집
초가지붕 박꽃은 보름달로 환하게 웃고
미루나무에 까치 울면 손님 오시던 집
댓돌 위엔 늘 신발들이 즐비하고
할머니의 알사탕들이 모여 소란 대던
다락방이 있는 집
무쇠 솥에 누룽지 구수하고
고부간의 다듬이질 소리에 밤 깊고
큰 마당 가로지른 뒷간은
무서운 얘기 많기도 했지

어둑새벽 대문 빗장 여시던 아버지와
늦은 밤 빗장 거시던 어머니가 함께 살았던
316번지 그 집.

시 | 김영미

시발점 외 4편

날선 바람과 게으른 햇살 몇 줌
마른가지 적시던 냉동된 습기의 날들
언 발 녹여주던 긍휼한 흙의 무게
지난한 시절 공복과 입김들이
씨눈으로, 꽃눈 속으로 모여든다
호라이Horai*보다 먼저
아비의 곡괭이는 산야에서
어미의 바늘은 밤샘으로 분주했다
뒤따른 신들의 잔치로
꽃은 해마다 피어난다
태양의 울안으로 바다를 끌어들인 힘,
빠져나간 수분처럼 자신을 비우던
자식에게 저당 잡힌 주름진 생은
소금꽃을 피웠다
마른 노새 잔등보다 고단했을 당신이
서녘으로 기우는 까닭에
차마 비우지 못할 지난 우울
봄창에 걸어놓고
부부는 꽃눈을 바라본다
지천명의 숫자 앞에서
내가 당신으로부터의 시작임을

해거름에 걸린 풍경 통해 듣는다
꽃이 혼자서 피는 건 아니라고
당신도 부풀던 꽃이었다는,

*호라이(Horai)_ 올림포스에서 제우스를 도와 계절의 변화를 관장하는 여신

맹골수도 우체통

장미의 못다 핀 꽃잎
거리 저쪽에 쌓인다

이천십사 년 사월 십육일
차마 보내지 못한 이름 하나
아득한 체온 담은 꽃편지 되어
팽목항 파도에 반송되어 쌓인다
너의 바코드는 내안에서 신호를 보낸다
유예기간 없는 기다림
지금도 들려오는 차가운 벽 긁는 소리
열리지 않는 바다는 답신 없는 시간이다
널 향한 발걸음 무겁게 갈앉는 날
낡은 주소 안쪽의 추억을 두드린다
염원의 등불 심지 돋우며
달빛 소인 찍힌 네 꿈을 열람해본다
그날의 바다 각혈하듯
쏟아지는 꽃잎,
붉은 꽃잎들

해밝은 이곳은
때늦은 장미가 꽃대 세우고
꽃잎마다 태양을 복사중이다.

가을 비망록

별을 모아들인 밤송이가
영근 제 무게를 내려놓는다
비움을 채비하는 들녘을 품은
황혼에도 풍성한 어머니 마음이다
슬몃 높아진 하늘 아래
오후 햇살을 따라나선 지상의 그림자들은
태양의 음계 어디쯤에서
제 이름이 불려 질지 묘연하다
온전한 사랑은 늘 미수에 그치고
그리움은 고장 난 시계바늘처럼 침묵한다
햇살을 조각내던 이파리들이
덜익은 열매 불안조차 잠재우던
숲은 어머니 품처럼 생을 잇는 휴식처다
하루치의 온기와 습기들이
기압전선을 들썩이는 계절
구름은 더디 왔다 금방 잊히고
열매 쫓는 새들의 행방으로
노을을 바라보는 황혼의 시선은
무심한 듯 무심할 수 없는 가늠 못할 시름이다
생의 긴 그림자 속으로 이름마저 실종시킨
버릴 것 많아지는 가을,
나이테가 쌓일수록

불편한 동거도 늘어난다던 굽은 등이
빈 밤송이에 박힌다

어머니,
당신 이름은 잊힌다 해도
어머니란 이름으로 숲은 영글고 있습니다.

앵두, 태양을 삼키다

하늘 들어 해를 품은 날
앵두빛으로 천지가 그득하다

별 길 따라 풀빛들 살을 불리던
기억에서 멀어진 양지의 날들
그 속에서 종교처럼 지켜낸
열매를 받아내는 일,

현기증 나는 일상들이 입덧을 한다
예금통장 잔고에 걸린 불안의 초침 내려놓고
문자들 무게에 감춘 허울을 벗는다

단물 오른 앵두가 터질 기세다
그것은 붉음의 과부화다
유통기한 없는 슬픔들이
나무로 모여들던 불온한 오후를
태양의 캡슐에 가둔다

딱딱한 아집이 익어간다는 건
지상의 저울 하나 바로 세우는 일

앵두는 태양을 저장중이다

빛이 머문
뼈를 세운 단내가 부드럽다

해를 삼킨 혓바닥은 열반에 들고
열매가 있는 사막 안쪽을 향한
탐닉의 길들이 봄날을 허문다
입안 앵두가 뜨겁다.

길 위에 서다

풀벌레가 웃을 때마다
나무와 풀들이 자세를 바꾸며
계절 안쪽으로 길을 냅니다

숨 고르는 곤충들 비상
거미줄은 아침마다 이슬을 까놓고
세상 씨알들 속 다지는
소리, 소리들의 하모니가 경전이 되는
내가 가을을 정독합니다

은밀히 키를 불린 하늘이
성큼 자란 아들놈처럼 흐뭇하게
가슴 한켠으로 들어섭니다

길들의 뒤 굽이 반짝이기 시작합니다.
나무들 행간을 더듬다 멈춘
나들이옷에는
단풍 빛이 출렁입니다
가을은
가부좌의 고요를 흔드는 기폭제입니다

행자꾸러미가 부푼 가슴 여미며

굽 낮은 신발을 내밉니다
비울수록 야물게 빛나는 가을 밟는 소리가
책갈피 속으로 요요히 흐릅니다

시

김자운(유빈)

와인의 계절 외 2편

짓밟히고 찢긴 맨살을 파고드는 어두운 기운
서로의 내력을 모른 채
속울음을 삼키고 있다

연초록 속살들의
몽롱한 동거

리듬을 잃은 일상은
누렇게 퇴색된 자신을 바라보며
한 맺힌 피눈물로 계절을 견디고 있다

오랜 묵언과 인내로 억눌린 기억들은
두려움으로 절여진 세월 안에 가라앉아 있다

난산의 슬픔 속에서
질곡의 다리를 건너 스러지는 그늘 그림자
피어올라오는 붉은 물결무늬는 숨이 차다

역류할 수 없는 블랙홀 안에서 한 생을 삭이고
영혼을 불사르며 발효된 제2의 호흡

떠도는 눈물

발길이 의식을 잃었다

중력 밖으로 튕겨나간
이름 없는 눈물방울
제 색깔을 새기며 서서히 굳어가고 있다

우주의 빛깔에 눈 먼
오이디푸스 후예들이
금속성 휘파람을 불며 모여든다

낯선 공간에서 담금질 된
섬광이
인고忍苦의 시간을 불 태운다

별들이 하나씩 몸을 내밀면
기나 긴 허기가 몰려오고
그늘의 자식들 불을 키고 달려든다

솟아오를수록 멀어지는 허공
잠시 문을 열어주는 오로라
하늘과의 교신이 두절된 채 떠도는 빛의 영혼

우주의 눈물이
궤도를 이탈하고 있다

늘보의 노래

감기는 토막기침으로
씨줄 날줄 엮으며
늦가을의 이별을 합창한다

누런 연잎 위
반딧불이 시간 가는 줄 모르고
몸 삭히고 있다

한 몸으로 움직이는 억새는
소슬바람에 서걱거리고
가을 산의 눈물은 빨갛게 물들었다

오로라가 떠난 북극하늘
안테나 없는 지구
달력은 악마의 눈으로 노려보고 있다

날숨 따라
온데간데없는 하늘 길
어쩔 줄 모르는 돌멩이 하나

김정자

달맞이 꽃 외 4편

달라지는 표정과 차가운 눈빛
우울한 구름 뒤로
흔들리는 미소 읽혀지지 않는다 해도

노련한 손길 떨리는 입맞춤은
기억하기 좋은 꼬임이라

사랑만 먹고 살아도 배부를 줄 알았지
말없이 무심한 당신을 향한
쌓이는 투정들에 서운할까

매일 은하수를 건너
친절한 별들에게 길을 묻는
밤마실로 신이 난
어지간히 속도 없는 여자

달덩이 호박

낯가리는 고양이처럼
살금살금 해가 꼬리를 감추는
늘어진 하루 당기는 꿀꿀함
얼마만의 달콤함이던가

자다 깨다 꿈을 꾸며
언제 그랬던 적이 있었나
꽃으로 피었던 어느 날의 기억
땅 속 깊은 곳을 휘적거린다

닫힐 줄 모르는 울타리를 흔들며
바람이 서늘하다

단단한 껍질을 도려내고
가슴을 후벼 파는 아픔이 깊어도
속을 버린다
누군가에게 피가 되고 살이 되는
아름다움이라고

꽃이 떨어진다
지는 꽃에 웃는다.

내일은 우체국에 갈 겁니다

소문은 천 리를 가며 만 리를 마다않고 오고 갑니다
소문이 소문을 낳습니다

간절한 답장이 언제 올지 몰라
내게 온다던 약속이 없었던 터라
가을 햇살과 한 자락의 길 따라
먼 곳까지 마중을 나갔습니다

나를 흔들며 깨우는 유별난 만남은
황홀하고 어여쁜 경험이지요
내 눈에 좋은 건 모두에게 좋아 보이고
내 귀에 달콤한 말 듣기가 좋은 법입니다

하필이면 그때 집을 비우다니요
분명 우체부가 문을 두드렸겠지요
아기가 곤히 자고 있는
희미해진 그림을 보고
조그맣게 노크를 했겠구요
방안에선 강아지가 대신 대답을 했을지도 몰라요

해질 녘 곱게 물들었던 사랑마저 부서지는 날
힘들게 잎으로 핀 꽃들을 꿈꾸고
안개가 깊은 아침을 걱정하며
늦었지만 우체국으로 갈 겁니다

소요산 단풍

바람에 의연한
뿌리 깊은 울림
느릿느릿 표시 없이 크게 자란 울림은
귀를 바짝 세운 세상을 흔든다

벙어리 냉가슴에 퍼붓지 못했던 말들
묵은 체증처럼
얹혀있던 당연한 소리들이
꼬장을 부리며 튀어나와도
이제는 그러려니다

속없음에
무엇을 채울는지 궁금한 나이테를
미련 없이 과거로 묻은 지 한참
결코 짧지 않은 가을볕에
정체된 삶의 설운 눈물 콧물
미련 없이 털어버리고
황홀한 사랑에 빠진 이야기
하나 있다는 것이 다행이다

알록달록 내 맘 네 맘에

붉그락 푸르락 밀물처럼 차오르는 속마음 더해
메아리까지 온통 땀에 젖어 길을 잃은 날

해 그림자 따라가는 발걸음들이
돌아가면 섬섬히 눈에 선할 터이다

민들레 꿈

더 나은 내일을 꿈꾸었다
저물도록 땡볕
종일 내리쬐는 보드라운 품
혹은 햇빛 한줌 들이지 않는 곳
홀씨로 날아 하얗게 누웠다

낯선 곳 하룻밤이 시작을 긋고
생의 공간 늘어 경계를 허문다
저리도 노랗게 바람 불어댄다는
대단한 기사거리가 펄럭이던 날
날카로운 금속의 칼날이
바람개비처럼 돌아 부서지는 꿈
설설 흩어 뿌린 제초제에
숨 막혔던 사연에 가슴들이 젖었다
우리의 하늘을 지붕 삼아
우리 땅을 베개 삼아
깊은 시름과 눈물로 이겨낸

젖몸살의 아픔이 꽃으로 핀
당연한 우리 꽃 민들레가 웃는다

노란 빛깔로 흔치않은 향기를 받아내며

어눌한 목소리가 던진 부메랑
되돌아오는 것도
시야를 떠난 어디엔가 숨어있는 미래도
부메랑 멈추는 곳

저린 다리를 풀며
허리를 세우며 비틀어진 몸을 제자리로 돌렸다
기역 니은 디귿 가 갸 거 겨 아버지 어머니

김현희

그늘 외 4편

후박나무가 젖은 잠을 털어내고
며칠 품었던 그늘을 꺼내 펼쳐놓는다
나무가 제 모습을 볼 수 있는 건 바로 이때,
햇빛은 나무들의 거울이다
이리저리 몸을 비추느라 눈이 부신 나무들
거울의 각도에 따라 키는 늘어나고 줄어든다

나무의 품을 통과한 빛은 오직 검은 빛
제 몸이 푸르다는 걸 아는 나무는 세상에 없다

키만큼 깔리는 그늘멍석
둥근 그늘 속으로 한바탕 새소리가 내려앉는다
부리에 쪼인 그늘에 구멍이 났다
입이 가려운 참새들, 수다스런 풍경을 물고 건너편 회화나무로 날아간다
가지마다 소리가 열리고
저편 하늘이 넓어졌다

새들의 부산한 날갯짓에 낮은 한 뼘씩 줄어든다

이곳에 먼저 터를 잡은 후박나무, 가장 넓은 평수를 차지했다
지난여름 뼈마디를 늘리던 손

바람에 그늘이 찢어지고 나무의 거울도 금이 갔다

폭설에 팔 하나를 잃고 끙끙 앓던 나무
아름드리 저 품에 우레를 피해 몸을 웅크리던 절박한 순간들이 숨어있다
사라진 가지를 기억하는 박새가 후박나무를 맴도는 동안
나무는 내내 환상통을 앓았다

바람이 후박향을 몰고 빠져 나간다
바람의 손짓 따라 그늘이 흔들리기 시작한다

복도

그는 천성이 과묵하다
주인보다 먼저 입주한 그는 쿵쿵 뛰어오는 발소리를
귀에 저장하고 입을 다문다 엘리베이터를 빠져나오는
사람을 가장 먼저 반기는 것 또한 그의 몫
들고나는 이삿짐의 행로도 추적하지 않고
겹겹이 쌓이는 묵은 임대의 기록도 결코
내색하지 않는다

복도란
집의 겉옷 같은 것
단추 같은 벨을 누르고 들춰보기 전까지 그 속을 알 수가 없다

복도 끄트머리
흔들거리는 공공근로 김씨의 불운에도
그는 여전히 침묵한다
막다른 벽에 부닥친 1401호 독거노인
통로에 신발을 벗어두어도 냉기로 가득 찬
그 집의 비밀을 폭로하지 않았다

정착지를 찾을 동안 잠시 머무는 임대아파트는
집들의 낡은 소매 깃이다

소매를 접거나 펴거나 옷이 낡았다는 사실은 변하지 않는다

몇 개의 짐을 다시 무심하게 배웅하고 흘리고 간
소음 부스러기만 복도를 서성댄다
간혹 빗나간 꿈에 화풀이하는 사람들로
긴장하는 복도, 저 밑은 벼랑이다

빽빽한 침묵의 행간, 그의 몸에 서서히 균열이 보인다
복도의 어깨가 기울어지면
여기저기 터진 솔기 사이로 비명이 쏟아져 나올 것이다

꽃의 감정

절정은 늘 순간이다
꽃이 마음을 접은 지 사흘 째,
시든 꽃을 물고 있는 게발선인장
온 힘을 다해 용을 쓰는 마디가 수척하다

11월의 꼬리가 슬쩍 꽃의 어깨를 스치자
철렁, 휘어지는 허공
긴장한 선인장의 마디가 꿈틀거린다

잠시 바라보는 꽃과 마디의 관계
삐죽 내민 붉은 혀가 무의미한 저항을 포기한 채
동행을 결정한다 마디와 꽃의 일체감은
활짝 피었을 그때뿐
마디가 올려 보낸 꽃은 선인장의 마음과 다르다
잠시 보류된 이별은
온전히 슬픔이 마르면 정리가 될까

맞물린 저 부동의 감정
시각을 바꾸니 오히려 마른 꽃이 마디를 떠받치고 있다
오랫동안 한 몸으로
잡고 있는지, 잡혀 있는지…

당신과 나는 왜 서로 놓지 못하는지

꽃과 마디의 관계를 강제로 정리하면
매달린 감정들이 부서질 것이다
꽃을 보낸 마디는 시들시들 앓다가
오랜 시간 우울증에 시달릴 것이다

지루한 필사

봄볕은 알람처럼 예리하다
이른 봄,
차가운 콘크리트 담벼락이 반응한다
피가 도는지 바람이 비릿하다

점자처럼 더듬거리던
손가락이 뒤엉킨 것은 지난여름
난해한 계절, 무언가를 잔뜩 감추고 있었다
그늘을 이어 붙여 무성한 그림자를 조립하는 중이었다
그때, 담벼락은 배후처럼 숨어 있었다 그가 어디쯤에서
진로를 변경할지
누가 누굴 이용을 하는지, 이용을 당하는지
얽힌 자와 기댄 자가 누구인지
참으로 난해한 질문이었다

부드러운 관절은 그에게 유리했지만 그로 인해
수많은 벽이 생겨났다 방음벽도 등을 내밀었다
먼지와 소음이 팔을 타고 흘러내렸다
그 와중에도 여백을 남기지 않는 버릇은 여전했다
필생을 다해 기록한 서체는 대부분 흘림체였다

몇 권의 계절을 베끼느라

힘줄만 도드라진,
차가운 겨울담쟁이의 캘리그라피

닫힌 담벼락이 펼쳐진다
지루한 복습이다
여백을 채우는 필사가 시작될 것이다

아궁이의 취향

불을 살리고 죽이는 일은
장작이 아닌 아궁이의 힘

차곡차곡 나무를 쌓아 올려 엉성한
피라미드를 만든 후
신문지 반쪽으로 불의 출발을 알린다
불꽃을 왕성하게 하거나 사그라지게 하는 건
오로지 아궁이의 마음
숨쉬기 좋은날 햇빛 맑은 날이면
유순한 불길 순한 불씨도
바람의 호흡이 거칠어지면 덩달아 여기저기
사나운 꽃을 피워 올린다
장작이 숨긴 작은 습기에도
숨통을 닫아버리는 아궁이의 생각은 건조하다
굴뚝으로 역류된 바람에 왈칵
울분을 삼키지 않고 뱉어 버리는 불구멍
볏짚 아카시 소나무 잔가지들 한 아름 밀어 넣어도
불같은 뚝심을 뚫어야만
불 맛을 볼 수 있는 가마솥과 아랫목
아궁이가 좋아하는 바싹 마른 소나무
입맛에 맞으면 탁, 탁, 탁, 즐거운 소리로 답한다

아궁이의 취향을 통과한
꽃불의 열렬함과 뒷불의 은근함에 지친 허리를 편다

김화영

옛 사랑의 소야곡 외 2편

활화산의 분출구에서
뿜는 용암처럼
뜨거웠던 불길은

세월의 주름 틈새
잠잠히 숨어들고

어쩌다 생각나서
뒤져본 옛 사랑

달콤한 맛 옛 같지않고
짙던 향기 어디 갔나

세월 속에 부대낀 사랑
여울 따라 변했을까

반백 년 전 사랑의 눈에
끼어있던 공깍지도

지나고 보면 부질없어
추억 속에 남을 뿐

어스름 달빛 아래
흐르는 환청 속
음색 바랜 세레나데!

담쟁이

담 너머 세상이
그렇게도 그리워

죽을 힘 다하여
담을 타고 오르는

가여운 담쟁이
너의 모습 속에서

연민의 쓰라린
가슴속에 멍울이

자그만 담녹색
네 꽃 되어 피었지

안이나 밖이나
사는 것은 같은데

오르고, 오르고
또 오르려 발버둥

손바닥 발바닥
상처만이 남았네

네 몸에 매달린
자줏빛 갈 열매는

그 동안 이뤄온
아름다운 행복들

그 작은 행복에
감사하며 살기를……

활 화산

무겁게 짓누르는
하늘을 바쳐 이고

태곳적 눌러앉은
크고 작은 봉우리들

수억 년 기나긴 세월
우리 곁을 지켰나

깊은 골 주름마다
무심한 세월흔적

그 잘난 인생살이
아귀다툼 모습 보며

울분과 노여움조차
침묵 속에 숨기어

가슴속 묻어놓은
맺힌 한 너무 많아

억누른 울부짖음
솟구쳐서 불을 뿜나

마그마 흘러 흘러서
굳어지는 저 모습

김효순

답설무흔踏雪無痕 외 4편

밤새 눈이 쌓여
발자국 하나 없다.
발자국은 길이 된다.
이리 저리
갈래 길 앞에 설 때가 있다.
그 중에서도
인생길은
남이 가지 않은 길
부지런히 걸으면
끝에 닿을 줄 알고 가는
그 길
아무런 두려움도 없이
겁도 없이 왔다
이느새
땅거미 지고
신발 위엔 먼지만 수북하다.
살아 있어야만
의미를 만들 수 있는 길
오늘도
동자승 걸음으로 또 가 보자
길을 만드는 일은
신의
허락이 있어야만 가능한 일인 것을,

겨울 바다도

청포 바다에
그윽하게 눈이 내리다가도
바다는 바람을 만나
오르가즘을 느낀다.
일어섰다 흩뿌리고
용트림 치다 무너지고
바다의 광기는
바람의 역마살을 만나
온 몸으로 일구는
바람꽃 파도를 만든다.
달빛 스며든
은빛 그림자로 살지만
겨울 바다도 가끔은
그렇게
무당춤을 추어야
몸이 맑아진다.

연리지

겨울바람으로
울고 있는 너는
혈육일까
연인일까
나무는 물로 흐르고
사람은 피로 흐른다
어찌 어찌 심장을 거쳐
그리움을 잡은 나무
나무는 잎으로 피고
사람은 마음으로 핀다.
평생 변치 않을 마음은
어디로 흘러야 하는 것인가
너는 나무라
울어도 영원할 수 있고
나는 사람이라
웃어도 영원할 수 없는
마음이 있구나
몸은 패여 하나 되어도
형체 없는 마음은
그저 흐르는 바람인 것이라

솟대

영혼이 머문 곳을 바라보고 있는
새 한 마리
독경을 한다.
바람을 가르는 삶이었소.
창공에 사는 몸이었소.
허공에 묻는 몸이 되었소.
득도의 도량이
허공이 될 줄이야.

죽은 나무 끝에서
탈육脫肉한 신령神靈이여
등이 휠 것 같은 삶에 접속 된
수호신이여

그 쓸쓸함을 본다

언제부터인가
천공을 물들인
단풍나무의 붉음에 대하여
그 쓸쓸함을 본다.
말 할 수 없는 사랑이었음을 생각한다.
나무이었음으로 해서
서 있음으로 해서
너 물들었고
나 물들 수 있었다.
푸르름에서 살고
붉음으로 필 무렵
단 한 번의 황혼으로
너
나
세상을 온통 태우고
질 수 있는
사랑이었음을

박두련

기다림 외 2편

새벽녘
달빛을 보고
돌아누웠습니다
산같이
손을 잡아주지 않아도
해처럼 돋아 오리라는
기다림에
시간을 태우며
난 여태
묵언으로 살았습니다

여울

가슴마다 녹슬은 파문이 여울어지는
숨결
가지마다 한 두 잎 남은 낙엽처럼
가을은 저 지평선을 바람과 함께
사라지려나
머물 곳 없이 가을이 보낸 단풍잎은
또 다른 잉태를 꿈꾸고 있나
이 가을을 보내고 나면
쉽게 토해내는 삶
높이 뜬 가을 달밤
바람에 날리는 저 낙엽처럼
매일 사는 연습으로 지쳐
고추 속 같이 매워
입을 부비며
이 가을과 입마춤한다

산사에서

산그늘 곱게 내린다
솔향기 맑은 내음에
묻어오는 저녁물소리 입고
근심 밖을 사시는 님
한 모금 석간수로 목추긴
달그림자
산다는 게 서럽고 서러워
나뭇잎 연기에 눈물 지운다

박
지
연

역지사지易地思之 외 3편

오키나와 최북단
해도 곶에는
해풍에 맞서
'조국 복귀 투쟁비'가 서 있다

태평양 바라보며
세계인에 외치는 일본의 치욕
샌프란시스코 조약 들고
성토한다

태평양 전쟁
오키나와 전투
무모한 군벌들의 야욕
뿌리 뽑힌 섬

이웃 짓밟힌 구둣발 잊었는지
가는 곳마다
평화의 비문엔
내 죄는 아니라고

어느새
전쟁 도발자는 없고

어디나
패전의 넋두리만 길다

이토만 전적 평화기원공원
수십만 전사자
노역으로 끌려 온 우리 핏줄까지
검은 돌에 찍힌 이름 석자

한 번쯤
그의 채찍에 죽어간 이웃에
참회의 글귀 하나
어디에도 보이이지 않는
알 수 없는 일본 사람들

오키나와의 정월

야자 잎 높이 달려
바람에 춤추는 국도
승용차만 흐르는 거리는
청명한 한국의 가을 닮았다

백화점에 몰린 사람들
명절에도 우중충한 옷차림
기모노가 보이지 않는
일본의 설

영하 10도에 길든 내 체온
웃옷 벗어든 서구풍 거리
영춘迎春이란 깃발만 나부낀
오키나와 설날이 낯설다

오키나와 억새풀

오키나와 지천에
수숫대마냥 키 큰 억새풀
파란 잎 너울져
군대 도열하듯
거리에 줄 서 있다

2차 대전
가난한 토박이들
군인보다 많은 전사자
배고픔에 지친 남은 자의 목숨
억새보다 질겼다

오랜 역사의 격랑
류큐琉球왕조의 흥망을
뿌리 깊이 묻고
해풍에 버티어
역사의 증인으로 서 있다

낙화

아토만 평화기원공원엔
중국해 바라보는
서슬 퍼런 낭떠러지가 있다
접근은 섬짓 해도
최후의 목숨 던진 비극의 절벽

오백년 류큐왕국
청나라의 이웃
해상무역으로
평온히 살던 오키나와 자손들

명치유신明治維新 군국주의자들
제 깃처럼 섬 왕국을 해체
황민정책 일본화로
졸시에 현縣으로 묶어 놓고

1945년 태평양 막바지 전쟁 터 삼아
빈사상태 아이까지 끌려 간 현민들
막다른 곳 노인도 부녀자도
산야는 초토화되어 바닥났다

총 맞고 굶어 죽고
이래저래 죽어야만 한
죄 없는 오키나와 사람들
차라리 한을 안고 절벽에 떨어진 꽃, 낙화

박 홍 균

얼추 외 4편

얼추
이쯤 아닌가 싶은데
보이지 않네

목 빼어
둘러봐도
보이지 않네

어디쯤인지
짐작 못해
소경 따로 없네

내일 쯤
길 떠날 채비
서둘러야겠네.

강 건너 불구경

거부 할 수 없는
순간의 욕망
절망으로 이어지고

뼛속까지 스며든
연민
제 갈길 찾지 못하네

이 세상 흔들리는 모든 것들
하나이길 원하나
칠순 고개 넘고 보니 뿔뿔이 흩어지네

헛손질

달려가는 세월
붙잡으려다
헛손질 했네

남은 세월
어찌 보낼까
걱정이 태산이네

긴 세월
많지 않은
현재!

통곡

찌그러진 육체는
통곡하는데
멀쩡한 정신은
미소 짓네

멀리 아이들 웃음소리
짤랑거리고
노인들 헛기침소리
귓가 맴도는데

술래잡기 하자던
친구
해 저문데
보이지 않네

흔적

남이 볼까봐
숨겨놓은 사랑
안타까워 꺼내보았네

소중히 한 가닥
들추어 보면
진한 피 흘러내리려니

찢기는 아픔보다
잊히는 흔적
뒤돌아보지 않고 내려놓으리.

시 | 방지원

2호차 외 2편

당신은 이번에도 2호를 타셨군요
무릎이 한번 저릿하셨겠어요

어쩌다 1호에 명단이 오를 때도 있지만
눈치 보며 자꾸 뒤꽁무니 자리로 밀리느니
우린 아주 여기가 익숙해서 편하지 않나요
그럴 리 없겠지만 지금
앞차에 초대해도 절대 안 간다는 뚝심을 세우지요
그들의 우뚝한 뒤통수에 히죽 웃음을 보내며
선도차 거느린 셈 칩니다

가끔 당신은 그들에게 투명인간이 되기도 하지요
1호는 1호끼리만 보이니까요

1등을 놓쳤을 때 처음엔 입맛이 소태지만
그것도 되풀이 되면 그런대로 지날 만하지 않았습니까
꿈이라는 걸 2호만큼만 꿔서 그런가요

좌정하십시오
우리가 편안히 앉아야 1호도 안심할 것입니다
햇 햇살과 묵은 햇살이 섞여 겨루는 모습이 참 우습지요

소금이 오시네

파도의 어정쩡한 행간
소금밭에 태가 묻힌 소태 같던 시절
세상이 온통 서걱거리기만 했네
훌쩍, 조상 대대 받드는 바다를 외면하고
싱거운 도시 물맛 한 번 보기로 했지
하지만 뼛속까지 소금에 절은 몸뚱이는
자꾸 밍밍한 물밑으로 가라앉고
속내 감춘 물은
천근만근 상처투성이 그의 어깨를 내리눌렀네

갯벌을 기며 평생 일구신 터전
아버지 나라를 다시 받들기로 마음먹었네
사나운 갈퀴파도와 맞서
소금인지 땀인지 모를 진액을 쏟으며
하늘만 올려다보고 살던 늘 짠내 나던 아버지
더께 앉은 맨발을 만져보고 싶었네
떠날 때처럼 한밤중
태양의 그림자를 피해 돌아왔네

토판소금 뜨는 날, 저기
허연 소금산 아버지가 오시네.

한국사람 맞지요?

암스테르담 기차역
복잡한 사람들 속에서도 반짝 눈에 뜨이는
저기 반가운 얼굴

네에! 맞아요.

좀처럼 만나기 어려운 한국사람
화들짝 큰소리로 함박같이 웃으며
잠시 주고받은 눈빛
고개 돌려 멀리 안 보일 때까지
잘 가세요
갑자기 피붙이를 보내듯
가슴 한쪽이 저릿하다

그래도 우리는 돌아갈 나라가 있고
몸속엔 아리랑이 푸르게 흐르지

시 | 백왕기

인생살이 1장 외 4편

지우개로 지울 수도 없고
그리움을
빨아버릴 수도 없는데
슬픔 자국이
세월로 얼룩진 것을
닦아내고 싶다

마음의 벽에
그림처럼 걸려있는 보고픔이
토란잎 물방울 같이
떼구르르 구르고 있다

한 단지 품고 살았던 사랑이
발효되지 않고
그리움이
육포처럼 되어 버렸다

한 발 두 발 내딛는
묵주알처럼 남아 있는
인생살이
길다면 길고
짧다면 짧으니
서둘지 말고 가자

빈자리

집 사람이
일박이일로 관광을 떠난 뒤
낯설게 느껴지는 집 안에서
서성거리고 있는 내 모습
이것저것 챙겨놓고
당부하고 갔건만
어설프고 맛도 없어
젓가락을 들엇다 놓았다 하는가
이렇게 빈자리가 깊어
늪에 빠진 듯 허덕이는 마음
나이 탓이라 할 수만 없는
목마름이다
바람의 발자국 같고
흘러간 강물 같지만
아내의 흔적은
하루만 없어도
밤새 흔들리게 하면서
딸꾹질하며
전화만 기다린다

초가을 비

가을에 오는 비는
그 소리도 다르다
요란스럽지도 않고
추적추적 내린다
비에 촉촉이 젖는 흙냄새는
된장찌개다

비 맞아 날개 젖은 비둘기도
처마 밑에 웅크리고
서늘함을 느끼게 하는 감상
그리운 가슴 더듬고 싶다

균열된 하늘 틈새에서
가늘게 새는 빗줄기
세포마냥
심장을 적시며
외로움을 주고 간다

나이 상관없이 그리움 주는
그대 이름
서럽도록 생각나게 하는 사랑이
초가을 비에 서서히
젖어가는 후회

6月 문턱

세월 틈새로 지나가는 하늘
채움을 위해
방황하는 가슴 속에
지금도 욕심이 천근인데
놓지도 들지도 못하는
부끄러움이
물미역 같은 6月을
만지고 있다
반백이 된 나이를
검게 염색해야 되는 미련
풀잎 깨물 듯
잘근잘근 깨물고 싶은 그리움이
깊은 방죽에서
물장구 치고 있다
생生풀 같은 6月이
녹음에 취해
내 손목 잡고 놓아주질 않는다
오늘도 빛 바래가는 하루
업장의 여운 없고
가슴 적시는 아쉬움으로
6月을 닦고 있다

마음속 여자

가슴을 열면
지금도 살고 있는 그녀가 있다
잡초 같지만 싱싱하고
잘 익은 과일 같이
살고 있으며
묶어 놓은 볏단 같지만
풍성한 인정이 있고
텁텁하지만
마시면 취하는 술 같고
내 책상의 시詩 같고
그래서 가만히 만지면
간지럽다고 까르르 웃고
항상 깨끗한 속옷 같이
깔끔하고
제 철에 먹는 생선 같이
낫을 내면서
바다 파도처럼 건드리면
소리치고
가을에 잘 마른 태양초 같이 맵고
입안에 넣고
잘근잘근 깨물어서
소화 시키고 싶은 녀자
그런 생生풀 같은
내 마음의 여자

시 | 백운순

바람의 흔적 외 2편

-세월호를 잊지 않으며-

통곡의 눈물로도
달래지 못하는 무력감이
절절하게 가슴을 짓누른다.

소용돌이치는 파도를 껴안고
애끓는 마음으로 울부짖는 소리
내 새끼야 내 새끼야
물속에서 얼마나 무서웠느냐

멈춰지지 않는
이 눈물
다가와 닦아줄 것 같은데
그 암흑 안에서
뜨거운 목소리만 너울거린다.

바람아 들리는가.
이제는 돌려주소서.
가슴으로라도 안아보게 하소서

무심한 파도는
메아리로 솟구치고

침몰하는 믿음이라도 찾고 싶은데

거르지 못하는 세월만
삐꺽거리며
세차게 가슴을 멍들이고 있다.

시린 등 뒤로

햇살이 등에 업혀
시려오는 날
가파른 고갯길이
신음으로 돌아눕는다.

바람이 길을 내듯
스스로의 길을 내면서

돌아보지 않는 세월이
어느 순간에 있었던가.

뿌린 씨앗은
뿌린 대로 자라고 거두는 것

쉬어가는 이 길목에
멈추어 서서

바람결에 스치는 가을 소리
귓전에 담아보련다.

침묵

소리 없는 울림은
살아있는 생명의 소리이다.

숲을 깨우는 새들은
정적을 쓰다듬는다.

침묵은
간절한 기도인 것

깨달음은
잠시 내려놓고
쉬어가는 시간이다.

시 | 변길섭

수건을 접다가 외 4편

잘 마른 수건을 접는다

세로로 접고
가로로 접고, 접고
70년대 군대식 관물 정돈하던 실력으로
두께도 길이도 잘 맞추고
색깔도 어울리게 차곡차곡 쌓아두었더니

단정하게 잘 정돈되었다는
아내의 웃음이 깊다

아버지에게
아내에게
아이들에게
우리도 그렇게 접히면서 살아왔다

때로는
접히지도
정돈되지도 않은 날들이 그리운 것은
나이 들면
꿈보다 그리움이 더 아름답기 때문일 게다

고속도로에서 2

아이쿠,
저 젊은 차들 좀 봐
1 · 2차선 자유롭게 넘나들며 앞지르기 잘도 하고
터널도 두려움 없이 아예 날아가고 있네

아이쿠 아이쿠,
저 화물차를 어째
드높이 실은 화물, 넘어질 듯 넘어질 듯
끄덕도 없이
금방 보이더니 꽁무니 사라졌네

아무리 밟아도 속력 오르지 않는 늙은 차
이제 이정표랑 속도 표지판도 보이고
어느새 차창에 들었는지
명지바람*에 꽃이거니 어슬녘 들안개니 하는 것들이나
단풍이니 설경이니 하는 것들까지
함께 추억도 뒤적거리며 2차선을 기어가네

*명지바람_ 보드랍고 화창한 바람

스며드는 것 1

할미 손 끌고 나온 꼬마둥이
잘 익은 은행잎과 이렁성 저렁성* 해찰하다
떠난 공원 의자에
늦가을 햇살도 함께 앉아
묵은 제자와 커피를 나누는데

이제 같이 늙어간다며
하얀 칼라에 단발머리 시절처럼
호 호 호 호
– 어머 이를 어째
웃으며 마시다 커피 쏟고 말았다

삼십 여 년 전 시간들을
한참이나 이리저리 헤매다가 살펴보니
가슴께 선명했던 커피자국
커피색 스웨터에 스며들고 없는데

건너편 언덕배기에도
가지마다 알록달록 매달린 햇살 속으로
사람들
하나씩 둘씩 스며들고 있었다

*이렁성 저렁성_ 이런 모양인 듯 저런 모양인 듯

스며드는 것 2

김병모 화백의 화실에 들면
오만 호五萬 號[1]나 되는 늙은 은행나무 숲 풍요로운데
둥근 탁자에 의자 셋이서
잘 익은 은행잎 몇 장 씩 나누어 가지고
살랑살랑 나비춤 추게 한다

하나는 늦가을 햇살이 원래부터 제 자리라 하고
하나는 일찌감치 바람이 차지하고
하나는 바흐의 프렐류드prelud[2] 선율로
멀리서 가을 외투 흩날리는
여인의 자리로 남겨 두고 나니

늙은 은행나무 한 그루
사람처럼 서서
먼지 훌훌 털며 노랗게
숲에 스며들고 있었다

1) 서양화의 크기가 제일 큰 것이 500호인데 그보다 큰 것을 1000호 또는 크기를 정할 수 없는 것을 5만 호라고 한다.
2) 바흐의 무반주 첼로곡 모음 1번

스며드는 것 3

돌아올 길 걱정 없이
이제 가면 언제 오나, 상엿소리도 없이
손자 품에 다소곳이 안겨
생전에 듣도 보도 못한 리무진 타고
재철이 어머니 안나 여사 산에 드신다

오랜만에 서방님 곁에 누워
속울음만 가득한 온 산에
무거운 그림자 훨훨 다 부려버리고
재철이가 뿌려준
한 삽 한 삽 서러운 이별 덮고
크나 큰 가슴에
훠이훠이 스며들고 있었다

서쪽 하늘에 웬 꽃구름 한 송이
저리도 고운지
성호를 긋는다

서동안

호미곶 아침 햇살 받아 詩를 쓰다 외 4편

낯선 계절의 이마가 너무 춥다
땅만 바라보지 말고 머나먼 해원의 하늘
한번만이라도 제대로 바라보란다, 상생의 손이

진한 커피로 완전무장한 호미곶 광장의 정월 초하루
생각을 흔들어 깨우는 칼바람이 새벽과 아침을 가르고
해무를 부리로 콕콕 쪼는
갈매기 부르는 수신호를 보낸다, 그것은 분명 들숨이겠지

이제는 출렁이는 쪽빛 심장을 꺼낼 차례
바다로 쏟아지는 눈부신 상형문자들을 받아
손바닥에 가만 올려놓는다

손바닥에서 풍겨 오는 따뜻한 냄새
내 안으로 들어 온 그도 곧 따뜻해지길 바라며
날 숨으로 부서지는 포말에 왈칵 현기증이 일어나
깊은 데서 끌어 올린 젖은 것들을 뒤져 밀리는
언어들의 손등이 흥건하게 젖어 있다

아버지의 뜰

고향에서 하룻밤은 첫사랑 같았다
개구리 합창이 정겨운 들판을 꺼내 들었는데
멀리 떠난 인연들이 별꽃으로 떠올랐다

아버지는 한평생 이 들판에서 밥을 얻어
자식 깨달음으로 내 보냈지만
흑백 논리로 전개되는 세상 속 주인공이 될 엄두가 나지 않아
돌아온 거기, 낱알 같은 빗방울이
한 나절 내내 그 들판에 쏟아져
빼곡히 들어찬 아버지의 청춘을 흠뻑 적시고
한 획을 긋고 가는 해는 막 하루를 집어 삼킨다

초록 날개를 단 저녁이 장엄한 미사를 드리는 시간
눈으로 가늠할 수 있을 만큼의 들판을 신처럼 껴안고
이녁에게도 토방을 내어 주며 어둠에 젖을 물리는
저 들녘이 삶의 경전 아니던가!

이른 저녁을 마치고 등 뒤의 어둠을 따라 나서면
무수히 지나치신 당신의 발자국이 내 발자국이 되는 것을
한 순간 사라진 아버지의 환상이
이승과 저승의 경계선을 그어놓은 그 어디쯤
풀벌레 소리로 가득했다

괘종시계 태엽을 감으며

낡은 영혼이 시간의 톱니바퀴에 끼어서
꺼이꺼이 잦아드는 신음소리

'큰애야 시계 밥 주었냐!'

그렇지, 이틈을 타 시간보다 먼저 가서
지금까지 모아 두었던 나쁜 기억 다 지워야지
아름다운 기억들만 골라서
시계바늘에 대 못질을 해 두어야지

아름다운 것만 남기기 위해서
삶의 찌꺼기들을 세제를 묻혀 빡빡 문질러 본다
지운다고 지워지나, 거품 일어 현실을 감추기 급급하다

'예, 지금 밥 줄게요!'

째깍째깍, 그렇지 바로 저 소리야
톱니바퀴에 물 오른 한 낮
시간은 낮은 곳으로 길을 만들며 현실을 다시 공간으로 밀어 올린다
'큰애야, 눈이라도 내릴 모양이다
무릎이 시큰 거리는 것을 보니~~'
어머니 무릎도 시계의 태엽처럼 다시 감을 수만 있다면,

내 마음 씻겨 줄래

그림자 많은 숲에는 붉은 햇살이 숨어 있다
기다란 그림자가 태양의 입에서 튀어 나올 때
벌레들의 은신처가 여기뿐이라는 걸

밖으로 손 내밀어도 선뜻 잡아줄 사람 없을거야
그럴 것이야, 바깥은 넉넉한 시절이 아니라는 것을
주기적으로 햇살은 눈부셔도 그늘은 무심으로 늙어 가는 것을
늙은 어둠이 수천의 길을 지워버린 그늘의 공존 아래
날 깨울 바람은 어디쯤 오고 있는지

길이 있어도 찾지 못하고 버리고 가는 바람이 아니길
그럴 때마다 붉은 햇살이 강렬한 주파수를 쏘아 올려
있는 속을 다 쑤셔 놓고, 밤마다 열대야를 삼키듯 나를 삼키면
나무들도 차가운 기억의 별빛과 만나 젖은 눈물 흘리며
아픈 새벽 여미고 거친 삶 준비 하느라 분주한데

날개의 미련을 떨치지 못하는 작은 벌레 들이 끝없이 바스락거리면
지문처럼 남겨진 그림자가 쉽게 잠들지 못하는데
가령, 그래도 아침이 온다면
그냥 저 햇살로 마음이나 살랑살랑 씻겨 줄래
씻겨 주어도 씻겨 주지 않아도 세상은 마찬가지이겠지
조용히 숲을 헤집는 햇살에 괜스레 마음만 꺼내 보였다

주유소에 간다

어릴 적 소 풀 먹이는 일이 방과 후 수업이요
하기 싫어도 해야 하는 놀이였으니
봄 햇살 들기 시작하면서부터 가을걷이 끝날 때까지

일용할 양식을 만들고 갈무리 하는 것은
멍에 씌워 산골 다랭이 논밭갈이 하던
소의 잔등에서부터 시작되었다

늑대가 어린아이를 업고 갔다는 소문이 돌고 난 뒤에는
푸른 숲으로 소를 몰고 가는 일이 무섭기도 했지만
그 일을 멈출 수가 없는 시절이었으니

땀방울이 땡볕처럼 들어와
들판에뭉실뭉실 인정이 피어오르던 시절은
장마에 천둥치듯 번쩍하고 사라지고

긴한 생각을 뭉쳐 경지정리로 큰 들판을 내어
대량으로 양식 만드는 기계가 나와
숲의 풀들은 상처 날 일 없어 좋고
나 또한 소 밥 줄일 없어 좋았다 싶었는데

서걱서걱 소 풀 뜯는 소리보다
챠르륵챠르륵 돈 잡아먹는 소리가 가슴 서늘하게 만드는
트랙터 밥 주기 위해 오늘은 주유소에 간다

숲을 향한 기도 외 2편

아무 말 하지 않아도
수많은 얘기를 풀어내고
누군가 붓을 들지 않아도
계절을 그려내는 그대여
나 그자리에 머물게 하소서

몸은 나무처럼 강건하게
마음은 물처럼 편안하게
정신은 이슬처럼 맑게 하소서

분노는 그대가 바라보는 창공으로
이기심은 그대가 서 있는 흙으로
자람없이 소멸하게 하소서

사랑은 그대의 그늘 아래서
인내는 그대가 보낸 시간 안에서
푸르게 싹트게 하소서

붕붕거리는 벌소리로
팔랑거리는 나비의 날개짓으로
이른 아침 지저귀는 새소리로

노동의 소중함을
생명의 신비로움을 깨닫게 하소서

그리하여 나 또한
그대의 품안에 깃들어
한 시간을 하루를 편안하게 하소서

오후 세 시

어느 골짜기로 가야
생의 향기 맡을 수 있을까
어느 강으로 가야
생의 의미 건져 올릴까.

어둠이 내리기 전에
아직도 꼭 쥐고 있는
땀냄새 배인 한웅큼의 씨앗
볕드는 양지녘에 뿌릴 수 있을까

지금은 오후 세 시
긴 그림자를 드리울 수 있고
저녁 노을을 기다릴 수 있고
밤을 기약할 수 있는 시간

그래서 너와 내가
차 한잔 나누며
자정이 되기 전에
삶을 다독이고
서로를 보듬어야 할 시간

빛은 여전히 시간을 돌리고
시계바늘은 빛을 좇아 째각거리고
삶은 빛과 소리에 흔들리며 춤을 춘다.

억새

가을을 열고
가을을 쓰다듬고
가을을 보듬고 춤추는 너

산그림자 어둠에 길을 묻고
지그시 강물에 누우면
노을과 어깨동무 하는 너

내안에 가을을 한아름 그려놓고
밤새워 내가 울면 너도 울고
내가 흔들리며 너도 흔들리며
말없이 나를 키켜주던 너

야윈 니가 서 있던
강가에 들판에 언덕에
왜나고 묻기만 하는 너의 몸부림이
하얀 물음표가 출렁인나.

성백원

우포늪 외 4편

하늘을 담을 옹기가 되어
억년을 뛰어넘는 기다림으로
오직 한자리를 지켜 온
너를 닮고 싶다

비바람 몰아치는
투박한 도전을 뿌리치고
뭇 생명에게 고른 품을 내어주는
너처럼 살고 싶다

깃털처럼 가벼운 마음을
오래된 경륜으로 앞장서서
상처받은 영혼을 위로하는
너의 신앙이 되고 싶다

피고 지는 물결 속의 한나절
먼 길을 돌아온 철새들도
머물러 안도하는 가슴팍이 되어
너의 심장에 머물고 싶다

하산길

눈과 얼음이 쌓여
종종대는 하산길에서
공포 앞에 허약한 존재가 된다
자칫 한눈을 파는 순간
아득하게 파고드는 절망의 끝에
나무 한 그루가 불쑥 손을 잡는다
처음부터 그 자리였지만
누구에게도 귀하지 않았을 것이다
얼마나 반복된 일상이었는지
나무 껍질이 반들반들거린다
아무리 비싸고 고상한 품격이 있다고 해도
셀 수 없는 분자들의 분모가 된
그 나무의 가치는 따라잡지 못할 것이다
부끄런 삶의 허울을 벗겨내고
굴욕의 한 부문까지 가볍게 내치며
용화사 계곡을 내려온 사람들 가슴에
꺼지지 않을 등불로 남아
존재의 가야할 길을 비춰주고 있다

병들어 가는 꽃

장마비가 세차게 내리고
낙수가 폭포처럼 떨어지는
폐교의 모서리에 해맑은 꽃 한송이가
오돌오돌 떨고 있습니다
해가 뜨고 비가 잦아들어도
갈 곳이 마뜩잖은지 사방을 두리번 거리는
두려운 눈빛에 쓸쓸함이 젖어갑니다
탯줄을 끊으며 세상 누구보다 축복 받았을
그 때를 기억하고 있는 것인지
어젯밤 거리를 휩쓸고 지나간 비바람의 여운이
갸녀린 어깨를 툭툭 치며 지나가자
잠시 입가로 흐릿한 미소가 번집니다
느릿한 걸음으로 게으른 배를 내미는
부러울 것 없는 포만의 사내 하나가
병들어 가는 꽃송이에게 검은 웃음 몇 장을
흘리 듯 뿌려주고 지나갑니다
숨은 하루가 여지 없이 드러나고
자신의 꿈의 지도를 여과없이 통과하는 비수에게
갈 곳을 찾지 못하는 작은 꽃송이는
한낱 스쳐지나가는 이름없는 정류장인 것만 같습니다
행여나 한사람이라도 병든 저 꽃에게
가슴 한켠을 헐어 따뜻한 기운으로 일으킬 수 있다면

세상 누구보다 빛나는 향기가 될 것 같습니다
그 한 사람이 나였으면 좋겠습니다
그렇게 살았으면 좋겠습니다

능소화

맛있게 요리한
좋은 시 한편을 보면
심술이 도져서
밤잠이 아니 오는데

사랑을 빼앗기고
얼마나 서러우면
발자국 소리에 놀라
담장을 뛰어 넘느냐

태양의 중심보다
더 달궈진 너의 몸은
칠팔월의 폭염에도
식을 줄 모르는구나

응큼한 웃음으로
풀밭을 농락하고도
발끈하는 저 비암에게
너의 한을 푸는 것이 어떠냐

비의 엽서

비가 옵니다
비오는 밤이 오면
그대에게 소식을 전합니다
오래된 그대의 소식을 비에게 물어봅니다
오늘같이 비오는 날에는
들풀만 젖는 것이 아니라
메마른 나의 마음까지 젖어 들어
푸른 빛이 된다는 것을 빗소리로 적어 봅니다
기다림의 잔에 한잔의 술을 따르며
그리움으로 익힌 부침개를 보냅니다
그대가 보고 싶다는 것은
잊지 말라는 애원이 아니라
나의 마음이 그대에게 아직도 열려 있음을
비가 먼저 알고 젖어가는 것입니다
누군가 기다릴 것 같은 어둠속으로 빗물이 고이고
그대 그리운 날이면 흐르는 시간의 여백 속에
오래된 기다림이리고 써 봅니다

시 | 손순자

아들의 꿈 외 2편

사진 속의 아들이 웃고 있다.
날마다 골목대장 친구들과 전쟁놀이에서
오늘은 승리 한 것일까
장난감 총을 들고 배시시 웃고 있던 어린 아들

전곡의 언덕배기 좁다란 골목 끝
하사관 주택 단칸방에 세 들어 살던 그때
집주인 할아버지 군복 입은 모습이 멋지다며
아들의 꿈은 커서 나라를 지키는
씩씩한 군인 아저씨가 되는 것이었다

어느덧 자라 빨간 명찰 가슴에 달고
새벽점호에 연병장을 향해 우렁찬 모습으로
유격 훈련, 화생방 훈련, 천자봉 행진 모두 죽도록 힘들지만
뜨거운 전우애로 서로의 고단함 어루만지며
군번줄 목에 걸고 잠드는 군인이 되었다

돌아갈 집, 행복한 가족 모습 떠올리며
마음을 지켜주는 든든한 방패삼아
목청 높여 전역하는 그 날에는

속 깊은 어른이 되어
또 다른 새로운 꿈을 꾸길 바란다.

아들아!
너의 꿈을 이루었구나.

첫 편지

'군사 우편' 이라고 찍힌
편지를 받던 날
'편지' 라는 것을
난생 처음 받아보는 사람처럼
행복했습니다

겪어보지 않은 사람은
모를 일입니다
편지를 가슴에 안던
그 순간의 벅찬 감동을

저 먼
그리움의 끝에 있는
훈련병 아들의 첫 편지는
눈물이 앞을 가려 처음엔
눈으로 읽지 못 합니다

마음으로 읽어야 합니다.

다시, 포항에서

낯설고 막막한 사단 연병장에 아들을 두고 온 지
꼭 17개월 만입니다

국방부 시계도 그렇게 흘러
아들은 이제 '상병' 계급장을 달았습니다
그 동안, 기다림도 배우고
애틋한 그리움도 배웠습니다
처음 그 날의 눈물겨운 기억들도
이제는 웃으며 돌아봅니다
아들을 만나러 가는 길엔
단풍으로 물든 산과 들이
정겹게 동행을 합니다
시속 120km 로 달리는 자동차 바퀴보다
엄마 마음이 더 앞서 달립니다
아들 보러 떠난 길의 그 설렘은
군인 아들을 둔 엄마가 아니면 모릅니다.

토요일 아침 '해병의 집' 에는
저마다의 사연을 안고
아들을, 애인을, 친구를 만나러 온
사람들로 북적 입니다

20분이 2시간이나 되는 것처럼 길게 느껴질 때쯤
공중전화 박스 옆에서 활짝 웃으며 걸어오는
아들의 모습이 보입니다
철없는 엄마가 먼저 뛰어가
아들의 허리를 꼭 안았습니다.
비록 개구리 군복 차림이지만
마음만은 바람처럼 가볍게
엄마에게 고단한 마음을 잠시 기댈 수 있는
이틀이 되기를 바랍니다

다시,
포항에서

송상익

책 보자기 외 3편

코흘리기 동무
숲속의 속삭임
등에 업고

십리길 따라 나선 등굣길
발바닥 굳은살 박혔네

낯익은 잔소리
귀에 따갑게
메아리치지만

아랑곳하지 않고
꿈 등에 메고
휘파람 불며
대찬 발걸음 나선다

중년의 계단

가파른 계단이
눈앞에 보이고

어느새 내 몸은
한 걸음 두 걸음
세월의 무게 지고 올라가네

인고의 시간 견뎌
세상과 타협하며
지나온 발자취 돌아보니

서 있는 이 자리
벌써 오십줄 계단을
밟고 있구나

살사리꽃 사랑

구월이 오면
코끝을 유혹하는 향기
넉넉한 품으로 안고
스산하게 부는
가을 바람타고
정겨운 땀내음 스며드네

발동기 소리 따갑게 귀를 때리고
방아찧다 쌀겨 머리에 앉아
희뿌연 모습으로

살사리꽃 바라보며
인자한 미소 띄우던
아버지 보고 싶다

찔레꽃 필 무렵

찔레꽃 필 때면
고향 향기 노을빛에
물들고

하얀 손수건
머리에 동여매고
콩밭 매는 어머니

이마에 땀방울
닦으며 허리 펴고
머언산 바라보는 숨결

산등성에 걸려있는
노을빛 그림자 여울져
눈가에 이슬 맺히고

허기진 배 부여잡고
찔레 순 꺾으려다 가시에 찔려
하얀꽃 붉은꽃으로 피어난다

송연주

이사移徙 외 2편

별 일 없다는 듯 태연히 앉아
손발톱 깎으시며
어지러이 쌓인 병원세간들을
정리하라 하셨단다.

“별일 일세
병실 옮기면 정리하지”,
엄니 혼잣말에

“이 사람아,
여가 어디 내 집인가
남의 집인데 평생 살 건가
이제 이사해야지”,

참 별 일없다는 듯
말 던지고
다음날 눈 감고 누우시더니
사흘 만에 숨 놓으시고

능선으로 둘러싸인 산자락
볕 잘 드는 곳에

좋아하던 꽃잎으로 치장하고
아버지 집이 내려지고

새집 맘에 드시라
어허 덜구야
편히 계시라 어허 덜구야
어허 덜구야

'아부지' 부르면
미소로 답할 듯 곱고 고운 얼굴을 하고
들리지도 부르지도 만지지도 못하는
눈도 비도 바람도 없는
있다고도 하고 없다고도 하는 거기로
가셨네.

뿌리의 연가

빈 가지가 우 우~
우는 소리를 들은 적 있는가
누구도 그것이 마지막까지 참다가
뱉어진 신음이란 것을 알지 못했지

두터운 그늘 썩 깊이 노대바람 들어차면
진초록 잎 사이 삳가지 등을 열어
결 따라 흔들리며 길을 내어 주곤
바람 자리마다 옹이 박혀
아무도 몰래, 햇살에 눈물 말리곤
말라 반짝이는 눈물에선
잘 쪄진 술빵 냄새도 나고
몇 번이고 되풀어 짠 털옷 냄새도 났지

계절이 지나며 땅이 패여
굵은 뿌리 사이로 구멍이 들어나
허벅허벅 힌 흙에서
놓아준 시간을 끌어내며
뿌리마다 가래가 끓어
누런 잎새가 절로 바르르 떨고
생가지 찢어 내던 사윈 세월 묻어

마른 가지에 걸린 방패연 사연처럼
파라랑 파라랑 애절한 노랫가락에
앙상히 드러나 불거진 뿌리
어머니 흰
버선발

악마

시간 지나 세월 흐르듯
조용히 은밀하게 다가와

길이 끝나는 곳, 먼
거기에 단내나는 집
비가 내려도 별이 충만한
마주한 시선에 숨 막혀 고사할
그곳에

신도 알 수 없는
마음잔 품어 나눠 마신 용암애鎔巖愛 축배
치튀어 달아난 심장에 녹아 내려
싱싱한 잿톨로 피어오르는 열망

처절한 기쁨과 고통스런 침묵이
끝으로 치닫는
뇌심惱深에 주홍글씨 달리더라도

손가락 터치에도 떨려오는
매순간 그리운 사람 하나 있었으면
마르지 않는 강처럼
언제나 희열로 출렁이게 하는
사랑스런 악마가

신옥철

뼛속 아버지 외 2편

이가 쑤시다. 체납으로 국민의보와 절교한지 오래이다. 비워내는 삶 살게 되면서 비로소 도인道人의 삶을 떠올렸다. 남아 있는 것이라곤 달랑 몸둥어리 하나. 밑밥이었던 친절이 흉기로 변해 장기臟器를 요구하기 시작했다. 먹이를 찾을 권한마저 빼앗긴 굶주린 하이에나가 되어 또다시 도인道人을 떠올렸다.

위험한 은신처 대로大路가 급습해 온다. 죽기 아니면 까무러치기로 뛰어든 정육精肉의 거리 일제히 할로겐 붉은 조명 켜지고 간절한 육질肉質의 치과齒科만을 들이대며 유혹한다. 도인道人에게도 '사랑이 꽃피는 치과' 는 개밥의 도토리. '이 사랑 치과' 는 그림의 떡. 수초를 찾아 숨어드는 어린 물고기 심정으로 뛰어든 인파속에서

헉……

금이빨삽니다

오, 아버지
일정日政 땐 인력거꾼, 사변事變 후엔 지게꾼
그 고달픈 노동의 내 입속 증거물이 생각났다
비틀린 채 시멘트 벽돌처럼 딱딱해진 광목걸레
물 한 바가지에 무너져 내리듯
생존의 본능 허물어진다

조용히 노을 밀어내고
어둠으로 내려와 나를 품는 아버지
입안 깊은 곳에서 '애야, 예 있다.'
날품의 일감 하나 만들지 못하는 장기불황 어루만지며
'금이란다. 금이라야……'
객지로 떠나올 때 꼭꼭 접힌 지폐뭉치 쥐어 주며
당부하던 그 목소리
긴 세월 뼛속 깊은 곳에서 눈치 살피며 살아 왔을,
아직도 쭈뼛쭈볏 떠나지 못하는,
문득, 내 귀를 열어 썩어가는 아픈 감자가 되게 하는,
치통 자멸自滅하게 하는,
나에게서 도인道人 멀리 달아나게 하는……

헐!!

사람들로 붐비는 전철역 앞 지하도 입구에

헐!!
어떻게?
찾아가면 곧바로 진행하는 걸까?
상인이 직접?
벤치로?
치과로 데리고는 가주는 걸까?
마취는 시켜주는 걸까?
급하면 팔아 쓸 수도 있다는 걸 염두에 두는 이도 있을까?
그걸로 얼마나 연장 가능한 걸까?
대로변 사람들로 북적이는 거리에 떡, 서있는 입간판入看板 나는 왜 50중반에서야 보게 되는 걸까?
진짜루 거래가 있기는 한 걸까?
무심한 척, 냉혈인 척, 짐승인 척, 벌레인 척?
그렇게 지나치고는 왜 자꾸 저걸 떠올리는 걸까?
머리카락 삽니다?
콩, 팥을 삽니다?
간뎅일 삽니다?
그런 걸 구입하지 못하면 상인은 어떻게 되는 걸까?

정말로 직업에 귀천은 없는 걸까?
파지를 주어다 파는 노인은?
생계가 막막하여 육교난간 철제를 뜯어다 판 한 가장은?
금이빨조차 없었던 걸까?
무심코 입 벌렸다간 큰일 나는 건 아닐까?
왜정倭政도, 사변事變도, IMF도 아닌 일상 속 누군가의 생존법?
.
.
헐~~~~~~

할!!

사람들로 붐비는 전철역 앞 지하도 입구에

금이빨삽니다

헐?
뭣이 헐
어떻게는 뭘 어떻게
궁금하면 와 보면 될 거 아냐
그야 더 이상 방법이 없을 테니까
누굴 정신병잔 줄 알아
피차 마찬가지
콩, 팥, 간뎅이 보단 낫잖아
당근, 나도 몰리면 내 눈알 들고 나가게 될지도
그러니 알바 없고
아주 오래전부터…
물질과 격格을 놓고 거래를 시작하고부터… '황금黃金' 에게 '만능萬能' 을
넘겨 버리고부터……
.
.
할~~~~~

감시카메라 외 2편

늘 조심 해야겠지요
카메라가 어디에서 작동할지 모르니까요
도로가 막히지 않고 시원스레 뚫렸다 해서
마음대로 속도감을 즐긴다면
시원하기야 하겠지요, 그렇지만
감시카메라가 있다는 것을
잊지 말아야 할 일
언제나 방심은 금물
감시의 눈길은 어디서나 늘 있는 법
좌우를 살피며 달려야겠지요

사방에 감시카메라를 달고 사는 일
삶이 그런 거 아닌가요.

고속도로 주행

질서가 어긋나면 충돌이다
낮이나 밤이나 정신을 차리고 똑바로
두 눈을 뜬 채 차간거리를 지키면서 달려 가야한다
우리는 얼마의 안전거리를 지키며 살아왔고 살아갈까
가까울수록 넘지 말아야 할 최소한의 간극,
종착지가 같거나 다를지라도
결국은 비켜가야 할 길
그러나 현재는 동행자다.

꿈

밤마다 꿈을 꾼다.
바닷가 모래밭을 달리다가 넘어지면
일어서고 또 넘어지면 다시 일어나 달리던
열 살도 되기 전의 그 꿈같은,
잘 생각나지 않다가도 토막토막 눈앞에
펼쳐지는 선명한 기억
나이에 어울리지 않게 오늘도
멈추지 않는 꿈

돌아갈 수 없는 시간들이 나를 붙들고
놓아주지 않는다.
아직도 멈출 수 없는 소중한 꿈 하나,
먼 훗날, 누군가의 입에서 맴돌 한 마디 말
참 잘살았다 그 사람.

심영자

나대로 가방 외 2편

분주한 거리를
갖은 모양으로
숱한 어깨와 동행하며
쏘다닌다

태고적부터 있었던
넌
진화된 모습으로
삶의 테두리를 만들었다

풍요와 빈곤
가난과 부자

누가 만들었을까?

어느 잣대 하나 생겨
너로 인해
헤아림을 받기도 한다

시름과 기쁨을
토해내며

큰 입 벌려 채우라 하는
너에게
나의 전부를 담아
광장시장을 누빈 오늘,
난
꿈을 채우려 한다

양파의 외출

손길 따라
이리 딩글
저리 딩글
늦은 노을빛
속치마 두르고
자판대 위
잔뿌리로 서 있다

초록빛 고운 여름날
단단히 일어서서
어느 손길 만나
세상 모퉁이 돌고 돌아
눈시리게
한겹 한겹 벗겨내는
숨겨둔 언어들

입안 가득 나를
춤추게 한다

어머니의 계단

구십 넘어
작은 몸 구부려
삐뚤삐뚤
철자법 틀려도
따박따박
하나님 사랑 적으셨습니다

일상이 된지 삼년
기쁨으로
쓰신 공책 펼쳐
사진으로 남겼습니다

며느리
사랑 고백하시며
가신 길
한 삽 흙 뿌리며
남긴 한마디
“권사님이 내 어머니여서 감사합니다”

애끓는 사랑으로
쉬 오르지 못하신 길
한 계단 한계단
당신이 남기신 자취는
천국 계단 입니다

양회올

고향 생각 외 2편

한낮
눈부신 저햇살
내 등살에 따갑게 꽂히고

부용꽃 피는 삽작문 곁에
아직도 남아있는
열아홉 살 나의 향수

자박자박
발자국 소리 가볍게
내 등 뒤를 자꾸 따라 오네요

수선화

별빛
가래로 퍼다붓는
뜰을 가로질러
외씨 버선발로

푸른 치마폭
활짝 펴 들고

밤새
지은 별똥별
주워 담아

내 어느 전생
추억의 꽃밭에
씨를 뿌리던 사람

내가
당신을
무어라 불러야 하나요

4월이 오면

어쩔거나

소월 시인이 앓던
영변의 약산
상사병

이산
저골
눈 짓무르게
울려놓고

얼 바람둥이
소쩍새 놈
네 속 내속
다 후벼 파놓고

아!
어디로 날아갔나요

시 | 여서완

꽃이 별이었구나 외 2편

접사 렌즈 속에서 웃고 있던
도라지, 원추리, 나리 꽃……

링컨 학교 깊은 산속 옹달샘에서
낮에도 빛나는 별을 만났다

별들은 아이의 눈 속에서도 빛나고
정원의 꽃들이 되어 피어있다

천상의 별들이 내려와
지상에서 이야기 꽃 피우는 곳이 꽃밭이었구나!

신대륙이라도 발견한 냥
꽃들을 살펴본다
꽃들이 다 별 모양이다.

아~ 별들이 내려와 꽃이 되었구나!

나는 바보다

피운 향의 연기만큼 수북하게 쌓인 성냥개비들
폐부 깊숙이 감추고 있던 사념들은 카르마의 끈을 풀고
연기 속에 날며 윤회의 밤을 태운다.
망울 망울 연기고리들과 연결된 인연들이
내 삶 속에 뿌리를 내리고 있다
너는 우주의 별똥별로 불현듯 내 삶 속에 떨어져
울퉁불퉁 삶 속을 헤집고 다니는구나

차 속에 녹아서 마신 감정의 건더기들은
또 얼마나 많은 윤회의 강을 건넜는지
깊은 호수의 그것처럼 솔잎 차의 검은 향이
하얗게 일어났다가 내 안으로 미끄러져 간다

인간은 지구를 거미줄 망으로 엮어놓아
아프리카대륙의 잠 못 드는 여인의 카톡이 날아왔다
텔레파시나 우주와의 소통은 쉽지 않은 과제다
퇴화된 뇌의 기능은 기계라는 것을 발명하여
원시적으로 작동한다
정작 나의 본령과도 만나지 못하는 바보다. 아직 나는!

시를 위하여

버려야 할 것들을 안고 살았다
시인같이 시를 쓰지 않고
방랑자 같이 시를 썼다
뇌를 짜내는 퇴고도 없이 대충 그려진 채
시집이라고 달고 나왔다
시속의 군더더기들이 숨어
구시렁대며 비웃어도 과정이리라!

시가 아프다고 비명을 지르고 있었을까!

작가는 무소불능의 능력자

언어의 엑기스를 만들어내기 위해선
뇌의 한 방울까지도 짜내야 한다.

시 | 원연희

봄날 외 4편

벚꽃비 내리는 날이거나
자목련 참회하 듯
목 꺽고 나뒹구는 즈음이면
한땀 두땀 바늘 귀에 그리운 줄기 꿰어
이밥나무 가지마다 하이얀 속적삼
고름풀어 눈물 단다
더러는 시침질로 더러는 감침질로
따끔따끔
슬픔이 씹혀나간 자리마다
옹골진 꽃 진저리
화무 십일홍이라 그리도 애 간
타일렀건만

위험한 연애

꽃은 양귀비에 버금가고
잎은 모양새 쏙빼닮은 연잎이라
잎따라 불리워진 이름이 한련화라지
새악시 홍안에 연지 찍듯 곤지 찍듯
색색이 호화로워 뭇사내 서넛쯤은 사뭇
위험수위를 넘겨놓았지 싶은데
가녀린 몸줄기에 돋아난 잎새마다
한모금의 물기도 낫낫이 거부하는
너는 아마도 눈물의 문고리를
일찌감치 잠궈둔채
위독한 슬픔을 홀로이
앓아내고 있었는가 사랑마저 형벌이라
중증에 들었는가 사로잡힌 눈길마다
오금 절로 녹아든다

새들의 진언

진실로 쓰리고 아픈 건
텅 빈
하늘 가
역으로 흐르는 강을 건너는 일이더라
그 강
눈물로 살뜰히
거스르는 일이더라
순리라 순리라 이르시는
말씀에 거역하듯
슬픔의 띠를 무기처럼 두르고
억장만장
무너져 내리는 일이더라
뿔뿔이 뿔뿔이 나란해 지기까지
아,
울면서 울면서
가지런해지기까지

하늘이 먼저
화안~~해 져 오기까지

반쪽

검푸른 청동의 침묵 속에서
새하얀 이빨들이 새벽길을 낸다
밤새 꿈속에서 욱신거리던 말들이
관절 마디마디를 끊고서야 생살 같은 혀끝에
새들의 언어로 좁쌀 같은 말
말들을 토해내고 쏜살같이 허공으로 몸 감추자
비로소 꿈틀대며 뜨거워지는 詩語 그 몸 참,
우라지게 가볍다 가벼워서 눈 깜짝할 새
눈 가에서 바스러져 총총
스며들고 번져드는 아,
그런 거다 반쪽의
슬픔이란

가을

깡마른 어깨에 잦은
먼지잼이 날아와 앉고
먼 산바라기가 잦아지는 이유

괜스레 묵은 외투를 꺼내
입었다가 벗었다가
첫 눈이라도 오는 날에 신으리라
손질해 두었던 말장화를
신었다가 벗었다가

하늘 맑고 푸르러
새가슴 출렁이면
"아무래도 오늘은 날이 수상쩍어"라고
혼잣말로 되뇌며
자꾸만 문밖으로 향하던 맘 하나
어르고 추슬러 최면술이라도 걸어보다

가장 슬픈 날에 꺼내 읽던
고정희님의 시집을
정신없이 읽어내려

그러다
책갈피서 파실 파실 떨어져
발등께서 사뿐히 내려앉아

"너도 허하니? 나도 허해"
손끝이라도 행여 닿으면
순식간에 바스러질 마른 꽃잎

"이렇게 가벼워도 괜찮은 거니?"
"미안해, 널 두고 너무 까마득히 혼자 살아내서"

"가을"
"어디까지 왔니? "
"그래. 넌 괜찮은 거지? "
묻고 답하고 그러다 하루…

시

유나영

첫 눈은 오고 외 2편

그 사람이 온다는 전달이 있을 때
첫 눈이 왔다
개울 건너서 마중하는 동안
첫 눈은 산기슭 지름길을 접어들면서 왔다
산꿩이 첫눈 오는 길을 누비고
우는 모습을 보일 때
그 사람이 왔다
바람은 건널목을 지나서 불 때
그 때에도 첫 눈은 왔다
첫 눈이 오늘 오고 있는데
그 사람은 온다는 전달이 없은지
이미 오래다

등불 밝힌 밤을 잃고는

내가 잃어버린 그리운 날을 찾으러
거리에 나와 보았더니
거리엔 네온불만 찬연하고
그리운 날을 밝히는
처마 끝에 매달린 등불은
보이지 않았습니다
달빛이나 별빛이 있을까봐
서성이게 되었는데
네온 빛이 너무 황홀한 탓에
달빛도 별빛도 보이지 않았습니다

길을 잃고 헤매이는 것
세월 탓이라 이르지만
오늘밤은 추워서 시름에 겨워
울고 싶고
잃어버린 날의 등불을 잃고
길을 헤매이면서
적막한 밤에 사모할 숨결로부터
시름시름 병 앓이에 떨고 있습니다
밤은 언제나 밤이어서
그리움을 휴대하고 있습니다

겨울의 한파

바람에도 밀리어 부대끼는
세월이 있어
나는 추워하고 있다

이웃들은 그때에도 추워했는데
가난에 찌든 채
떨었었는데

밤별이 내려앉은 뜰에
옹기종기 모였다가
시든 풀처럼
담담한 내력을 남기었는데

손잡아 주고 싶은
세월이
너무 무거워서 접근할 힘이 없다

바람이 불고
겨울 한파에 밀린
저 만큼 남아서 우는 정이
시름에 잠겨있다

개망초 외 4편

나의 계보는 백의민족
이민 와서 귀화한 강인한 뿌리랍니다.
척박한 땅 돌 틈에서도
희디흰 꽃무리를 만들지요

꽃!
아름다운 생각 먼저 들지 않나요
그런데 내 이름은 개망초

지난 날
포만과 탐욕으로 배부른 일제의 화살 촉
한일합방에 놀라고 시달린 우리의 민초들은
지상에서 가장 낮은 순수의 들판에
'망' 자를 새겨 놓았지요

개망초!

헤진 모시적삼에 삼베바지
시대의 살 에이는 아픔이 어디 소인배 탓 인가요
슬픈 이름을 얻었지만 우린 서로서로 등 기대어
월하의 곡으로 흰 눈꽃송이 피워 올렸지요

난장이 끝 난지 오랜 시간
난 이제 눈치 없는 꽃이 아니지요
득음의 경지를 지난 파랑새의 목청으로
희망을 노래하고 향기도 나누어 주는 걸요

내 이름은 계란꽃
넓은 잎 잔꽃풀 입니다

*1910년 한일합방 때에 눈치 없이 이 꽃이 많이 피었다고 해서 '망' 할 망 자를 넣어 개망초 라고 불렀답니다. 꽃말은 화해

개미골목

몇 걸음, 걸음 지나
좌회전 우회전
눈 감고도 갈 수 있는 우리 동네 질러가는 길

밤이면
푸른 달
어슷어슷 찾아와 이야기 나누지

머리 위
쏟아지는 수직의 햇살은 비밀을 간직 할 수 없고
직선의 도로는 바람을 품을 수 없지

맨들맨들 다져진 이 골목길
가로등 눈 한 번 질끈 감아주면
오줌꽃 같은 지릿한 전설이 쌓이고

어제도
누군가 빛의 속도로 바지춤 내리고
안도의 숨 내쉬었는지

아름아름 비치는 달빛 아래
주인 없는 노오란 똥 한 덩이
민망한 듯 상기된 얼굴로 앉아 있다

늦가을 뜨락에

불타는 가을은
그 자체만으로도 황홀하다
한기를 몰고 다니는 냉정한 햇살은
사람들을 서두르게 만들고

너도 달리고 나도 달리고
정신없이 달리다 보면
우리는 과연 무엇을 위해
왜 이리 달리는 것인지도 모를 일

어제가 익어 오늘이 되고
오늘이 익어 내일이 되는 삶의 연속
말 속에 뼈를 심지 말고
위로와 격려와 감사를 심는 일이 최우선

이내 몸
낙엽 위에 앉아 별을 보는 오롯한 밤이여
기척 없는 그대가 야속한 밤이여
누군가 나의 인생을 기억해 주길 바라며
경건에 이르기를 소망하는 가을밤이여

사랑

손바닥은
쥐는 것보다
펴는 것이 더 여유롭지 않을까

한 사람의
개인도
커다란 우주

내가 너를 다 알기 까지는
이슬방울이
바다에 내려앉는 것보다 더 힘든 일

우리
서로를 탐색하려 하지 말고
그냥 지그시 바라보아야 할 일

그럴 때 비로소
꽃은 꽃으로 보이고
향기가 나지 않을까

Healing

어느 날
누군가 내뱉은
허공을 긋는 쌍시옷 욕 앞에서
아연실색 기절했다 깨어보니
그 말은 아찔하게 추락하는 한 잎의 낙화였네

나도 그 말 할 줄 아는데……

하지만
내 안에
떨구지 못하고 싸안은 수많은 위선들
존경이란 수식어가 내 앞에 붙기까지
겹겹의 포장으로 살아온 내안의 갈등

가만가만
포장지를 뜯는다.
순간,
멍울져 포화된 내면의 아우성
우글우글 쏟아져 하늘로 승천하는 쌍시옷 욕들

체기 가신 듯
오늘 밤은 단잠을 이룰 것 같다

이미라

낯설게 하기 외 2편

새벽안개에 몸을 숨긴 창가 풍경들이
새로운 것도 없이 늘 그렇게 다가와
햇살로 걷어내면
밤새 조아린 일상들이 부산하게 유리창에 부서진다
창을 열면, 내가 내가 아닌 양
떠밀려 가는 뒷모습을 멈칫 멈칫 바라보며
산들의 심장을 향해 여러 갈래 늘어진 길로
역행의 발걸음을 재촉해 본다
무수하게 잎을 떨궈내는 나무들의 반란에
술렁이는 바람까지
나이기를 거부하는 아우성 같은 소리들과 어우러진다
고단하게 늘어진 내 안의 세포들이
멀리… 돌아누운 역행의 끝에서
둥지 하나 틀고 있다

융프라우

지고지순한 처녀의 아름다움으로 무에서 하나씩 이루어지기 전 모습일까

마음의 티끌 한 점까지도 설산 정상에 흩어진다

아득한 계곡마다 부서지는 햇빛과 굽이굽이 흐르듯 눈부신 설경에 이미 자아를 잃었다

융프라우! 감히 내가 두 날개 펼쳐 날았다 바람보다 힘껏 날았다

빙글빙글 돌고 날고 날으고, 추락하고, 매끄러운 바닥에 두 발이 붙었다

거대한 빙벽 무한한 대자연 앞에 오만의 부스러기 흘리기 조차 미안하다 백색보다 더 하얀 융프라우!

눈물겹게 부셔서 아무 말도 두고 갈 수 없는 한 점 온기 기꺼이 품어다오

순백 설원으로 언제나 기억의 날개 펼치리라 훨- 훨

폼페이

상상도 할 수 없는 열기로 사라졌던 거대 도시
화산 잿더미의 잔해들 아비규환 속에 정리된
그대들의 영혼이 오늘 나와 연이 닿아
누워있기도 내 곁에 서 있기도 손 내밀기도 한다
말발굽 소리 귓전에 맴돌듯
아직까지도, 영원히 남아 있을 반듯한 돌길들
이천년의 세월 현대를 무색케 하는
정교한 목욕탕 옥조엔 건장한 남성들의 체취가 넘치는 듯하다
자유로운 거리마다 흘러 다니던
여인의 향기와 웃음이
잠시 말을 세우고 목축이고 배 채우던 노상 카페에
사내들의 발길 멈추게 하고
나와 무수한 사람들 발길 멈추게 하는
이 거리를
온통, 잿빛으로 탐닉하고 있다

이복섭

제2의 에덴 외 2편

바람이 슬며시 잠이 들고
국화꽃 향기
나무 가지에 매달리면

나팔꽃들이
잠 깨울까봐
가로등 밑으로
사뿐사뿐 걸어간다

내 속에 어두운 그림자들
앞산 너머 골짜기에
털어 버리고

성산에 올라
주의 이름 부를 때
여명이 닭 깃 속에 스며
간지러워 홰를 친다

어린 아이가
젖을 빨며
어미를 쳐다보는
눈동자를 그리고

오늘도
내 마음 속에
제2의 에덴을
세우고 있다

– 세명 기도원에서 2014. 9. 16

11월

구름은 산마루에 걸려
나는 백마를 타고
광야를 달린다

훗날
무명의 무덤 앞에 놓일
국화 한 송이

그동안 뿌렸던
기도의 눈물은
11월의 찬가로 들리고

그렇게 수많은 이야기들이
한 잎 새 되어
영혼의 갈피마다 끼워 있다

미래의 설계도는
종각 십자가 위 별이 되어
11월의 밤을 지샌다

새벽 기도

캄캄한 절망의 밤을 지날 때
내 곁에 계신
당신을 뵙습니다

슬프고 눈물 질 때
당신의 빈 뜰에서
화초를 가꿉니다

괴로움 끝나고
내 집에 쉴 때
당신이 찾으시면 대답하리라

오늘도
새벽 기도의 입술이
하얀 눈을 녹인다

이삭빛

꿈꾸는 새 외 2편

– 솟대

날아 본 기억은 없어도
매일 하늘을 향해 날고 있습니다

소리 내 운 적은 없어도
매일 꿈을 향해 눈물 흘리는
아픔 견디어 냈습니다

바람처럼 흔들리지 않아도
포근한 눈꽃처럼 그대를
안을 수 있는 마음 갖고 있습니다

언제나
어떤 모습으로든
오시옵소서

유한의 시간 저편
천 년의 마음 가짐으로
그대를 기다리겠습니다

영원히 지워지지 않을
하늘을 담고서
그대를 향한 사모곡 정지된 듯
눈빛에 키워내겠습니다.

바위와 소나무

내가 기대어 섰던 자리가
당신의 아픈 상처이었음을
이제야 알고 말았네
그대는 갈라진 바위
나는 그 틈에서
싹을 틔우고 길을 내었네

그대가 내게 준 훈장
그대의 실체가 사라진 뒤에도
마지막 남은 그대의
흔적마저 깔고 앉아버렸네

모악산 등줄기에 앉아
하늘을 올려다 보며
내 거침없는 행동이
그대의 수많은 무너짐으로
두 손을 모았을……
그때의 거친 숨소리
비가 되어 내 몸을 타고 흐르네.

꽃

아픔으로
꽃에 눈길 주지 마라

그대 눈에 붙잡혀
눈물로 지새나니

아픈 것이 어찌
그대뿐이랴.

꽃향기 서러워
떨어지고 나면

봄 없이
여름 오고 여름 없이
갈 오고 겨울 올까
봄이 또 온다한들
오던 사랑도 뒤틀어져 되돌아가느니

꽃은 그대 마음을
그대로 뽑아서 와버리는
부메랑

꽃은 사랑으로만
입 맞춰라.

이삼헌

겨울 아야진 포구 외 2편

적막 안으로
당신이 탈출하고 싶으면
겨울 아야진을 찾아가 보라
홀로이고 싶은 당신의 외로움을
안아 주리라

그 텅빈 고요 속에
몸부림치고 싶은
일몰의 시각을 깨고

언덕 위의 교회당 종소리가
지는 해를 산너머로 떠밀고
차가운 바다 속으로
별들을 밀어 넣을 때

당신의 젊은 날을
싣고 올 돛단배에
눈시울 적시며
빨간 등대 아래 서 있음이
얼마나 뿌듯한 기다림이냐

이름 모를 철새들 무리지어

어디론가 날아가면
잃어버린 당신을 찾아
당신은 또 다른 길로 비상하라

숨 막히도록 파란 바다가
너울성 파도 밀고 와도
수평선 저 멀리 어둠 너머
당신은 천년의 탑을 쌓고 그리움을 새겨라

하늘과 바다가
하나로 만나는
겨울 아야진 포구

마니카르니카 가트*[1]

강가 마이야 키 자이*[2]
사두聖子들의 기도 소리 붉은 새벽을 가르고
하얀 천으로 시체를 떠메고
하르하르 마하 데보*[3]

동전 한 닢 구걸하는 불구자의 머리 위로
햇빛이 앉으면
히말라야를 넘어온 수미산이 비로소
머리를 감고
수미산을 밟고 오른 백운대가
주문도 없이
중랑천 잉어떼들로 환생하는 아침,

검은 연기는
강위에 연꽃으로 내리고
개 한 마리 어슬렁이며
뼈를 물은 채 강 건널 준비를 한다

섭씨 1천3백도의 소각로를 향해
겁도 없이 주검들이 밀려들고
2백 미터의 굴뚝에선

또 겁도 없이 빨간 생명들이 치솟는다

오늘 아침도, 강가 마이야 키 자이
송장 타는 매케한 냄새 진동하지만
하얀 천으로 시체를 떠메고 줄서는 사람들
그래서 지구촌의 아침은 하나로 상쾌하다.

*1) 인도 바리나시에 있는 가트(화장터)
*2) 어머니 갠지스강에게 영광을
*3) 시바신에게 영광을

이끼 공화국

봄비가 내린 아침
평등이 바윗돌 위에
더 파랗게 아리다,

그래도 죄 없는 사람 들이지 말라
못난이들만 모여 조금씩 지경을 넓혀가는
행복한 나라 이끼 공화국

바람은 구름에 목을 매고
하나의 하늘문을 닫으면
또 다른 문 사이로 눈을 뜨면서
멀리서 밝아오는 마을

닫힌 문은 햇빛을 차단하고
푸르름은 평등하다
산수유 나무 아래
은하계 밟고 쏟아지는 갈릴리 바다
비비새의 둥지에는 알이 없다.

'내다 두려워 말라'
물 위로 걸어오시며

문패가 없는 집집마다
그분이 등불을 켜며

바윗돌 위로 빙하기의 고요가 넘칠 때까지
천년의 이끼 공화국
죄 없는 사람 들이지 말고
바벨탑에 닿지 못하는
비비새도 탁란으로 평등을 자유케 하라

장성렬

돋보기 외 2편

눈 검사기에 얼굴 들이밀어
묻는 말 따라 시험 잘 치른 대가로
신기한 돋보기 하나
상으로 얻었다.

부풀린 과대포장에 의심 없고
달콤한 거짓말도 귀 세워 듣더니
두세 배 돋보여줘야
겨우 제 크기로 초점 맞추는
바보 눈을 얻었다.

안개

우리 둘만 알자했던 은밀한 이야기
천칭의 한쪽에만 맘에 드는 떡시루 올려주고
완벽한 균형이라고 우겨대며
자지러지게 마주치던 박수의 편린들이
하얗게 빛바랜 가루가 되어 피어오른다
손가락 걸던 언약
입 맞추며 걱정 덜어내던 사연
마을 이장 방송으로 크게 떠들어
고샅길까지 두루 깔린 소문이랑
앞으로 두 손 모으며 겸손한 척 고개 숙인 예의마저도
실핏줄 색깔 하나 바꾸지 않고 손을 뒤집는다
시력 좋은 매는 이른 아침에 보고
막 털 벗는 허청 수탉의 무던함도 점심이면 다 아는
우리 둘만의 은밀한 이야기
들켜버린 전신이 식은땀에 젖고
웃기는 양심의 이마에 흩어져 내린 머리카락마저 후줄근해도
한나절이면 걷어야 할 두텁고 허망한 이불을 믿은 탓이다
배신감에 떠는 따가운 시선
곁눈으로 바라보는 비아냥 모두
습관처럼 외면의 강에 구멍 난 족대를 털고
북쪽 골짜기 어둠을 불러 음습한 안개를 준비하는
불쌍한 장승 천하대장군

반신욕

부드러운 물 칼로
벗은 몸을 둘로 나누어 놓고
냉冷과 온溫의 이념 대립과
상上과 하下의 계층간 갈등으로
쉼 없는 땀을 빚고 있다.

시 | 장수현

목념이로 저며들다 외 2편

가끔은 들숨과 날숨이 정지된 꿈을 꾼다
그날은 인식의 모반과 착란된 감각으로
푸르름이 우뚝한 숲속에 스미면
밝던 빛은 저만치 멀어진 음영이고
다가가면 빛은 깊어져 물러난다
빛을 쫓아 들숨이 돋으면 숲은 숨이 되고
설음이 돋아 날숨을 뱉으면 숨은 숲이 된다
살아서 작동하는 몸을 떠난 시간은
숲을 잉태한 빛의 바램과도 같다
시간은 바람 속에 길어지고
마음은 흩어져 숲속에 흡수된다
그 언저리에 돋아나는 풀들아
나를 따르던 분노와 절망의 그림자들을
저 숲들의 목념이에 저며 다오.

나는 숲에 사는 족속이다

나는 북한산 참나무 숲을 품고 산다
상수리나무 떡갈나무 갈참나무 굴참나무 신갈나무들의
푸르름은 거칠게 싱싱하다
이 나무들의 이파리들은 부드러운 치장으로 시간을
보내지 않고 여름의 검푸른 초록을 향해 거침이 없다
그래서 이 숲의 이파리들은
젊은 청년의 억센 근육 같은
잎맥을 지녔다
검푸른 초록의 숲은 안개 같은 아련함이 아니라
여름의 무성함으로 이루는 강하고 진한 숲이다
이 숲에는 계산 할 수 없음을 계산하는 무게와 순도를
계속 덧칠해 가는 내음이 있고
몸을 엿보려는 바람에도 밀어 올리는 뜨거운 억셈의 극단을
나는 그 숲에서 탄생과 죽음의 움막에 깃들은 족속이다.

지하에 돋아난 쇄말적인 괄목들

눈독이 도져 눈병을 앓으니 바람을 보지 못해 단체사진 속의 동공이 하얗게 포말 하는 풍경에 초점을 잃었다. 아침에 낀 백태 같은 눈곱은 해가 저물도록 비벼서 곤죽이 되고 지하에서 올라오는 뾰족한 바람은 눈시울을 찌르며 무임승차한 지하철 광고판에 새로이 돋아난 까만 눈들이다. 밤새 자라나는 생쥐의 앞니로 바스락거리며 파 들어간 지하공사장의 쇠말뚝들 지하의 아킬레스건에 박히며 멈춰 섰다. 강남 지하세계의 등고선 각질이 푸른 칼날에 베어져 함몰하는 시커먼 눈을 가진 동공들. 또 눈병이 도졌다.

장재흥

순천만 외 4편

저 바다로
흐르는 마지막 관문
순천만
억새풀 바람에 운다.

슬픈 입맞춤
이별의 입영 소처럼
연인의 잡은 손 놓지 못해
머문 발자국
뻘 위에 수많은 사연
암호처럼 새겨 놓고
가을은 풀섶에 자리 편다.

꽃의 탄식

꽃이 화를 낸다.
세상을 향해 아우성이다.
꽃과 같이 살라하고
꽃 피우고
향기 진동하였노라
꽃이 화를 낸다.

아름답지 못한 마음
미움과 시기
다툼과 공허함으로
메말라가는
추악한 세상을 보고
꽃이 화를 낸다.

온 몸으로 울부짖는
꽃의 탄식 소리
바람타고 저리도록 아프게 들려온다.

익숙한 낯섦

흩어놓고 보면
나무랄 것 전혀 없고
모아 놓고 보면
왠지 모를 낯설음이 있다.

현란한 말 놀림은
언어의 마법사처럼
귓전을 즐겁게 하지만
내 마음 네게로 다가가지 못하는
낯설음이여

이 밤 깊어가는
긴 서사의 편지를 쓴다.
네게로 다가가
한편의 시가 되고 싶다.
수필이 되고 싶다.
감동의 눈물이고 싶다.

가을 날

코스모스 꽃망울
물 한 모금 입에 물고
잠자리 뱅뱅
저 하늘 꽃향기 날리고

가을 하늘 흰 구름
그리움만 흐르고
하루해 붉어지는 저녁노을
지평선에 저물고

인생은

아름다운 그림 속에 주인공
꿈길을 거닌다.
엉금엉금 기어가다
쏜살같이 날아가는 길
넓은 길로 들어서
점점 좁아지는 길
함께 간다는 착각 속에
불현듯 깨닫는 홀로 걸어가는 길

넘어지고 일어서고
일어섰다 넘어지고 또 다시 일어서서
걸어가다 멈추고 뒤를 돌아보는 길

인생은 고독 속의 주인공
어둠속을 달린다.
가다보면 어느 날
외롭고
슬퍼지는 길
인생은
왔던 길을 잃어버리고
낙엽 지는 가을날 깊은 잠이 든다.

정사읍

청색青色 깃발 외 4편

새벽 안개 걷히는 자리
다소곳 동백 아가씨
바뀌는 계절 신고식인 듯
묵은 인연 떠나보내고
아침 화장 다듬는다

파종 맞이할 두둑마다
갈아엎는 찬 서리
아지랑이 오줌 싼 자리는
어느새 냉이가 초경을 준비중이다

앞산 해맞이 때 씨 뿌려 놓으면
밤새 안녕 소리
첫닭 울음이 기를 쓸 때쯤
동네마다 새벽 기지개 물꼬를 트고

아기 울음소리 집 담을 넘을 무렵
품앗이 두레 마을은 인심, 천심, 행복 잔치
신새벽, 새내기 며느리가 불씨를 살린다

귀심도歸心圖

단절斷絕의 슬픔이 출렁출렁
목메인 세월만큼 수위 차오르면
끊어진 언약의 실타래 줄줄이 풀려나와
낡은 일기장 갈피마다 말문이 열린다

그렇게
타의에 의해 끊어진 사랑
먼산바라기 그리움은
꽃, 피고 진, 십수 년 언덕배기 위
지워진 이정표 건망증 탓으로
봉숭아빛 연민 사랑이라 말 못하고

강산에 줄긋는 달, 그림자에 휩싸여
뒤뚱거린 방랑길
곳곳에 구토 올리던 자아상실의 절규는
정신 돌아온 이른 새벽 등잔불 켜놓고
봉숭아빛 연민, 비로소 사랑이라 쓴다

바보 사랑

열정 끝에 맺힌
연분홍 향기
방 안 가득 타는 촛불 아래
청사, 홍사 겹경사 환한 발광체
백년초百年草 한 쌍 눈이 부시다

태양 아래 활짝 펴든
너와 나 굳은 맹세
시들까 창파滄波에 띄워놓고
수맥 짚어가며 몸살끼 다스리면

온기, 냉기 세상 이치 따라
걸맞은 맞춤복 마름질 솜씨는
평생 불침번不寢番, 반추反芻하기
피고 지는 불꽃 생애다

뜰앞 화초밭
치잣빛 사랑은
영겁永怯을 거부하는 바보들 사랑

사랑바라기

그대를 찾아 나선 길
가도가도 낯선 타인과의 통성명일 뿐
깜짝 해후조차 기약이 묘연하다

북극성 밝은 배려가 지경을 밝혀주니
이정표 흐린 기억도 여명에 눈을 뜬다

구름과 바람이 묵묵히 길을 열면
나무들 가지 끝은 열정으로 뻗는데

동명이인 많은 세상 미로
신기루로 이어진 숨바꼭질 끝이 없으니
나그네 혀끝은 여정旅程에 목이 탄다

아다다로 얼버무린 조각 난 언어들
짝 잃은 외기러기와 동반한 심인광고는
텅 빈 원을 그릴 뿐, 노숙은 끝이 없다
다만, 주홍글씨 편지 한 통이 시린 옆구리를 덥힌다

과녁 찾기

구름 좇아서
무심히 따라나선
상상의 날개

이수도 모르면서
무작정 유랑이 좋아
외출복 변변찮은 차림새인 채
맨발거지로
뜬 구름과 동행한
무의식행無意識行

운명론, 숙명론
때론 위장술에 도취된 지뢰밭 같은
사바세계가 싫어서
땅끝, 바람끝, 배회의 자유를 찾는다

파
노
라
마

어차피

출렁출렁 넘나들 세상 길들이기
혼신의 영역은 신의 몫
넓은 바다 위 솟는 둥근 해였으면,

풍향에 조절될 화살 하나 당긴다
구름 쫓아가면 오리무중길
명사수의 과녁은 눈시도록 바라보는 해다

시

정해현

가을바람 외 2편

허어-노 허어-노

가을바람엔
상여소리가 묻어온다
설움이 출렁인다

파란 하늘에 펄럭이는 만장
눈부시게 휘날리는 순백의 종이 꽃술

수숫대 고개 숙인 콩밭머리 넘어가며
허어-노 허어-노

가을바람엔
처연한 순응의 자유가
떠오르는 넋의 춤사위가 보인다

1151호실에서

어머니,
창밖은 올해 가장 추운
영하 10도에 바람이 불어요.

자동차들 분주히 오가는 큰 길 너머로
희게 빛나는 한강과
하늘에 두어 송이 뭉게구름 위로
힘차게 솟아오르는
비행기 보이세요?

이젠 그 긴 노동의 시간을 정리하고
삶의 또 다른 맛과 기쁨을 느끼게 되시기를

앓아누우신 후에야
어머니와 함께 할 수 있는 오붓한 시간
읽어드린 시 구절에 빙그레 웃으시니
감사함에 손을 모읍니다.

어머니,
아름다운 나의 어머니.

벚나무

누가 벚나무를
봄에만 화려한 나무라 하는가

가을 오후 햇살 속
단풍든 벚나무들
강변길 양쪽 나란히 서서
울긋불긋 다시 화려한 꽃 잔치를 벌이고 있다.

봄날 온 세상
하얀 웃음으로 가득 채우던 벚꽃

초여름
까만 버찌들을 떨어뜨려 버리고

삼복엔
푸른 잎 무성한 그늘로
앉아 쉬어가게 해 주었지.

이제 바람 불면
낙엽 구르는 소리 들려 줄 테고

하얀 서리꽃
소담한 눈꽃도 피우고

이윽고
빈 가지

때를 알아
제 몸을 저리도 가득 채우는 성의誠意.

조
경
화

나뷔벌이 외 4편

주술에 걸린
고요하고 정성스런 첫 정
서로를 향한 달콤한 입맞춤
온 몸의 세포들 불러 완연한 일체
욕망과 열정의 만족스런 환희로
아득한 태초를 날아
바람조차 기웃거리지 못한 꽃불무덤

어느 생 마주하여도
거부 할 수 없는
그대이어라

시절인연時節因緣

은로47기초등학교동기 그룹카톡방
시도때도 없이 까똑까뚝 불러대면
길거리 걷다가 그냥
밥 먹다가 괜시리
소소한 일상 그저 그런 것을
별 것 인양 주고받으며
유년의 맑았던 순수를 만난다
그리고 신통하게 잘라낸 필름처럼
모르는 지나 간 날은 아무도 묻지 않는다
아마 냉큼 먹어버린 나이만큼이나
많은 아픔 있었을텐데
늘어난 주름살만큼이나
숱한 고통 있었을텐데
누구도 슬펐다고 얘기하지 않는다
회귀본능
서로 살아있었다는 진실을 얘기해 주며
그때 함께였던 풍경을 기억하고
지금 외롭지 않아서 그것으로 좋은가 보다.

사랑앓이 13

아주 오래전
너울너울 향기가 일고
영혼 깊숙이
아름다운 그대가 들어왔다

첫 입술 붉게 열었던 찬란한 호흡
하루가고 또 가고
알살 부대끼며 낡아가는 시간
하늘의 후회
탄식의 소리

니르바나 아득한 길 혹독하다

*니르바나_ 번뇌의 경지를 넘어 깨달음의 지혜를 완성한 경지 (열반)

작은 것에 큰 의미

찬바람 닫힌 문틈 왕파리 한 마리
툭 쳐 본 것뿐인데
파닥거리던 놈은 간단히 생을 놓치고
쓰레기통에 매장이라니
왕성한 어제가 헛웃음이 되었다

살아있다는 거
날마다 쇠약해져가고
한 숨 놓을 때 빈손
알면서 너무 많은 걸 챙긴다

오늘 부린 투정 참 사치스럽다.

윤구월閏九月

생애 딱 한 번인
두 번의 구월
해는 느리게 넘어가고
달은 찬연히 빛내며
182년의 기다림을 누린다
늘어지는 계절풍
천천히 물들어가는 넉넉함으로
풍요로운 윤달

맘껏 채우지도
함부로 비워내지도
딱 그만큼 모자라지 않게 바득하다가
어떤 바람도 없이 사라져간다

하늘 계산착오
맞물리지 않는 시간
그건 아마도
살아있는 생명 모두에게
덤으로 주어진 특별한 혜택.

*182년만에 구월의 윤달 (10/24~ 11/21) 다음은 2109년입니다.

시 | 조금래

오봉을 그리며 외 3편

1
너를 향한 내 마음은
언제나 출렁이는 바다

네가 그리워 몹시도 그리워
춘천으로 향했어

배낭을 둘러매고
그냥 무작정 집을 나섰어

2
바람 따라 일렁이는
푸른 산의 저 숨결

푸른 산처럼 너는 하늘을 품고
언제나 해와 달을 노래했었지

아아, 그러나
영영 내게 올 수 없는 너

3
오늘도 나는

오지 못할 너를 또다시 그린다

너를 그리다
한 점 구름이 되어 너를 찾아 나선다

네 숨결 실어오는 바람 타고
못잊을 너를 만나러 간다

-배후령에서-

그리움은 방랑이다

그리움은 방랑이다
돌아올 수 없는 너를 꿈꾸는 것은
부표 없는 바다를
홀로 항해하는 마음

꿈꾸는 작은 섬은 외로움이다
그 어디로도 떠나가지 못하고
한없이 파도에 휩쓸리며
밤낮을 뒤척이는 몸

한숨으로 건너는 깊은 밤
네가 떠난 빈자리로 내 눈물 고이고
떠돌던 공기조차 숨죽여 운다

침묵

침묵은
죽음보다 깊은 아픔이다

침묵은 할 말을 찾지 못한 것이 아니라
찾은 말을 쉬 건넬 수 없을 뿐이다
분신을 잃고 우는 마음
가슴앓이로 말마저 잃어가고

하늘에는 오늘도
참담한 시간만 하얗게 흐른다

누군가가 먼저 입을 열면
참아온 시간들이 한꺼번에
큰 울음으로 터질 것 같은 순간

풀벌레들도 두려운지
함부로 밤공기를 흔들지 못한다

제비꽃 연가

바람이 불어가는 곳일지라도
한 뼘 햇살 드는 곳이면
나는 괜찮아요

나를 향한 당신의 마음을 알기에
당신을 기다리며 살아가는 일이
나는 찬바람 속에서도 행복합니다

새소리 들려오는 곳에서
당신이 하늘색 제비꽃으로 피면
나는 그 곁에 보라색 제비꽃으로 피렵니다

그리운 당신 곁에 있을 수 있다면
발밑에 흐르는 찬 기운 잊고
아지랑이 피어나는 봄노래 부르렵니다.

시 | 조영갑

들국화는 피었는데 외 4편

찬 서리
피탄에 스러진
낙엽들이
갈 길을 잃고
떨고 있을 때
홀로 피어 있는
들국화는
어머니 모습입니다

고향 길 찾을 때
흰머리 휘날리며
들국화 차 향기로 품어 주시고
떠나 올 때
주름진 얼굴에 서리 맺히며
들국화 생약으로
배웅해 주셨습니다

일찍이 홀로 되시어
자식 위한
단장의 기도
더 사랑주지 못해 맺힌 한

꿈과 용기를 주셨던 어머니
지금에야
청초한 들국화 향기를 알 것 같은데
어머니는
거기에 계시지 않았습니다

파도의 삶

태양이 몰고 온 파도에서
세월의 꿈을 찾았고
겁 없이 청춘을 사랑하며
삶을
노래했네

달려 온 파도에
꿈과 현실이 부딪쳐
행복이 날고
아픔이 통곡할 때
삶의 돌직구만 던지며
살았네

밀려 간 파도에
하얀 흔적만 남아
우물쭈물하다가
이럴 줄 알았단 삶보다
숨쉴 때 사랑받는 존재
떠날 땐 고운 추억되고 파
삶의 변화구를 던지며
살고 있네

억새꽃

은빛 피우며
찬 서리
모진 세월에
상처 받은 삶
비단에
뜨겁게 품었다가
아침 햇살에
살포시 나와
다시 춤추는
억새꽃을
사랑하리라

금빛 피우며
찬 바람
세찬 빗속에
아픈 사랑
으익새 신음으로
살며시 누었다가
다시 일어나
여문 사랑 노래한
억새꽃을
사랑하리라

바다의 사랑

열병 난 태양을 잉태하려
깊은 밤
바다는
그토록 소리쳤나 보다

찬란한 햇살 켜기 위해
이른 아침
파도는
그렇게 춤췄나 보다

뜨거운 빛살에
가슴 조이던
그리움은
녹아내리고
바람은
살며시 미소 짓는
그 모습 향해
헐떡거리며
달려가는가 보다

아름다운 사랑
꽃 피우려

바다는
쉼 없이 아우성 치고
딩굴고
몸부림 쳐
작은 모래알을
낳는가 보다

당신이 있기에

날마다 날마다
조금씩 떨려 나간
삶의
시간 속에
당신이 있습니다

싱그러운 빛깔로
하루를 열고
마르지 않은 소망을
노래하며
살고 싶은 이유도
당신이 있기 때문입니다

타오른 열정으로
꿈을 물 들리며
두려움 없이
삶의 전쟁터에
도전할 수 있는 것도
당신이 있기 때문입니다

익어간 삶으로
열매 맺고

사랑 향기 묻히며
환희할 수 있는 것도
당신이 있기 때문입니다

조용한 행복으로
사색하고
겸손해져
감사기도하며
사랑의 이름을
부를 수 있는 것도
당신이 있기 때문입니다

최수경

망초꽃 외 2편

씨앗을 뿌렸을 리 없는
인가 드문 민통선 어느 검문소 앞
외로움을 달래 듯 무수히 피어있는 꽃

화약 냄새 뽀얗던 전투 지역
피고 지며 젊은 전사의 넋이 되어
피 냄새를 덮고 있구나

하얗게 지천으로
어쩌다 낯선 행인들을 마중할 때
오늘은 처연한 연인을 본다

철새들도 가버린 들판의 유월
가끔 들려오는 포 소리는
언제까지 리듬 없는 메아리던가

연꽃

잰 열아홉 살인가 봐
금방 필 것 같은
봉긋한 연꽃을 손짓한다
그대는
기억도 먼 열아홉이 있었나 보다

터질 듯한 뽀얀 가슴을 가리고
화장기 없는 순한 얼굴로
연잎 같은 푸른 시절에
연꽃만큼 숱한 시선을 받았나 보다

먼저 피었다 졌어도
멋진 집을 만든 연밥을 봐요
옹골차게 씨알을 가득 채우고
세월을 여물리는 거룩한 행위를

그대
이제 그리워 말아요
자랑처럼 열아홉을 잊으며 살아요

소나기

때맞춰 쏟아지는 소나기를 상상했지만
청춘이 그리웠던 빗줄기는 없었다

여름 햇살에 무심한 망초꽃처럼
그날의 소년은 머리가 희끗하다

물 없는 징검다리를 건너며
비 가림 수숫단 속 풍경을 훔친다

우정도 사랑도
기다려준 세월도

도토리 막국수에서 도망간 향기까지
끝없는 미로인 채 언제 또 젖어보나

최점희

빈궁마마입니다 외 3편

사랑하는 세 아이들의 보금자리
따스하고 아늑했던 그 아랫목
이젠 철거 되었습니다
새똥처럼 떨어지던 눈물 한 방울
그나마 씨앗으로 남기고 싶은 마음은
휑뎅그레진 그 뜰에
뜨끈한 군불 지피듯
자운영 꽃 가득히 피어났으면
허전해진 그 터에
상처가 아물어가듯
애기똥풀 가득히 피어났으면

엉겅퀴 꽃

누군가 나에게 다가올 수 없다면
없는듯 보이는 숱한 가시들
빼버려야 하리라
상처를 긁어내 피투성이가 된다면
오랫동안 아물어야 하는 시간들을
고이고이 보내야 하리
온몸으로 나서서 가시를 내뿜어도
외로움은 깊은 곳으로 가라앉고
생채기가 깊을수록 피를 토하며
고고하게 일어서는 꽃송이들이여

고인돌 유적지에서

산처럼 큰 무게에 짓눌려서도
꿈꾸고 있는 자
천만년 이어지도록 괴어있는 적막감
윗돌 괴고 아랫돌 괴어
내 마음 누이니
무거운 멍에 흔적도 없고
먼지처럼 가벼워지는 영혼
툭툭 솔방울 떨어지는 소리에
이승과 저승의 경계는 무너지고
하얗게 피어있는 개망초 꽃무리
영원한 안식으로 갈무리 한다

운주사에 갔더니

구름만큼 많은 천불 탑이 있다기에
찾아간 그곳
훤칠한 부처님은 어디에도 없고
민초들의 난을 보듯
격렬한 함성 품고 수줍게 서 있는 부처들의 모습
여차저차 세상 꼴 보기 싫어
구름자락 유유히 흐르는 하늘만 보겠노라
꼼짝없이 누워 있다는 부처님을 찾으니
언제 왔는지 도선국사가
허연 수염을 날리며 구름 속에서 노니네

시 | 하택례

기도 외 4편

어둠 속에서
빛으로 여는
삶의 항아리
초록빛 촛불

겸손의 빛을 켜는 희생
성실을 무기로
깊이 깨어있는 슬기

어제의 환상이 아닌
오늘 아픔의 무게
용기와 지혜의 은총

흰 구름 사이로
희망의 푸른빛을
나누는 평화의 기도

마음속에 피는 꽃

바람소리
푸른 하늘로 깨어나고
마음의 작은 꽃
손수건을 꺼내
젖은 가슴을 닦아준다

아무나 느낄 수 있는
진한 향기보다
나만이 느낄 수 있는
오래도록 잊혀지지 않는
은은한 향기로

누구나 좋아하는
화사한 꽃이 아니여도
내 곁에 오래 머물고 있는
향기로운 작은 꽃

시간 저 너머
영원과 무한세계
영원불멸 마음의 꽃
희망하나 피워봅니다.

숲속의 합창

태양의 아침
전신으로 쏟아내는 햇살
구름과 바람 새들이
햇빛을 등에 업고
노래 부르며
나를 기다리는 숲

초록나무 풀 섶의 꽃과 벌레
삶의 굴곡에서
살갗마다 스며든 아픔
어깨를 토닥이며
등허리를 안아주고
실바람 한 올과
기도하며 함께하는
정겨운 숲

생명 희망 기쁨이 숨쉬고
살아있는 세포마다
넘치는 사랑
마음속에 흐르는 그리움
행복한 삶의 전주곡
기쁨 가득한 숲

좋은 사람

눈을 뜨면
햇빛 쏟아지는 창가
다정한 미소로
다가 온 사람
라일락 향기 피우며
나오라 손짓 하네

마을 길
함께 걸으며
산등선의 초록 잔치
삶의 희망설계
사랑의 세레나데를 부르며
행복의 나라로 가고

창밖에
별들은 반짝거리는데
그림자는 보이지 않고
기다림
그리움으로 허해진 마음
남겨진 빈 공간에
내일 다시
그대와 뜨거운 포옹으로
사랑 가득 채우리라

파도

온몸으로 소리 지르며
몸부림쳐 부서지고
고마운 오늘을
노래하는 파도

태양을 업고
한 여름 내내
달궈진 그리움
모질게 아련해오는 슬픔
모래 속으로 감추고
춤추는 파도

삶의 긴 길목에서
채울 수 없는 빈자리
비디와 포옹하며
끊임없이 새로운
세계로 나아가는 파도

애틋하게 물드는 하얀 파도
끊임없이 꿈을 꾸며

희망을 재촉하는
은혜의 바다로
살아가리라

현미정

지는 해를 보며 외 4편

산마루 지는 해
눈물 글썽 울었어 나는

한 순간 묵묵
무엇을 했는지
아무 생각 안나

하루해 지도록

사랑의 조건은 없다

사랑은 이익도
계산 없는 장사를 한다
주는 것으로 만족 채우는
역순법이란 걸

어쩌면 단단히 뒤엉킨
실타래 같은 것
불길속 재가 되도
후회 없는 지울 수 없는
가슴앓이 진주

명품을 가지세요

명품을 가지세요
최고로 비싼
제값 알 수 없는
하늘 아래 최고의 명품을

값어치 알 수 없는
명품 있어요
세상 단 하나
내게만 있는

인격 · 사랑 · 지성
디자인한 명품

고운님

고운님 다시 보니 가슴 설레
이 마음 살며시 피어나는
새벽모란

어느새 님은 스러져
발아래 떨어진 이슬이어라

새벽이슬에 목을 축이는 푸른 잎새
하루 갈증을 버티어가듯

고운님 미운님 되뇌며
그대를 가슴에 애살피 묻으리

가을 아침이슬은 차가운 님의
미소처럼 영롱도 하여라

시인의 맘을 아시나요

그대는 아시나요
시인의 마음을

혼탁한 영혼 샘물에 씻어
깨끗한 하늘 냄새
탁한 물 정화하는 필터

노동의 휴식 삶의 질 높이는
고은 사회 향상하는 쉼터
잔설 위 봄물 들이는 솔바람이어라

시인은 그대에게
건성의 메마른 피부염을 치료하는
레몬향 흐르는
감성의 촉촉한 생명리듬 전하여
언어 꽃을 가꾸는 정원의 정원사

시든 감성 깨우는 언어의 전령사
이 밤도 하얗게 지새워
어느 향 피워낼까
그대의 어두움
한 자루 촛불이 되어 밝히듯

자명종의
떨려옴을 기다리는 전율
활어 같은 언어가 잡히기를
숨죽여 이 밤 지새웁니다.

隨筆

고소혜(고경숙)

희망찬 발걸음

오늘도 어김없이 새벽잠을 설치고 비몽사몽간이지만 나의 발걸음은 가볍기만 하다.

저 멀리 보이는 '개성찹쌀 순대'라는 간판이 어둠 속에서 빛을 발하고 있기 때문이다.

인생 세파에 찌들고 치우쳐 길 위를 헤맬 때 나를 일으켜 손잡아 준 나의 식당!

예전의 원망과 한숨은 이제는 사치에 지나지 않는다고 생각하고 언제 어느 곳에서든지 감사와 격려를 심을 줄 아는 아주 잘 여물은 중년의 아주머니로 탈바꿈한 내 모습에서 난 커다란 만족을 하고 있음에 어깨가 절로 올라가고 사기충천하여 내심 놀라울 때도 있는 것이다.

순대, 오소리감투, 허파, 간, 머리고기, 들깨, 청양고추, 새우젓……

여기서 새우젓에 얽힌 옛 이야기가 생각난다.

시골에 살 때에 돼지를 잡으면 돼지가 먼저 소리를 지른다고 한다.

"여기 새우젓 준비하시오!" 하고.

무슨 말인가 하면 돼지고기 소화 시키는 데는 새우젓이 최고이기 때문이란다.

자글자글 끓는 뚝배기 음식 중 최고 주자인 순댓국!

찬바람이 불고 기온이 뚝 떨어지면 가까운 지인들끼리 머리를 맞대고 소주 한 잔 걸치는 데는 순댓국만큼 한 음식이 어디 있을까.

순댓국의 칼로리는 약 340정도라고 한다.

김밥 한 줄이 550칼로리고 피자 한 조각이 400칼로리가 넘는다고 한다.

조사에 의하면 우리가 한 끼 식사에 600~700칼로리는 섭취해야 한다고 한다.

순댓국 340, 밥 300, 여기에 반찬 조금하면 별 부담 없는 칼로리를 가지고 우리는 푸짐한 한 끼의 보양식을 먹을 수 있는 게 아닐는지……

고급 일품요리가 아니어도 한 끼 영양 만점의 음식이 우리 곁에 있다는 걸 나는 여러 사람들에게 깨우쳐 주고 싶다.

추운 겨울 날, 감기로 콧물이 뚝뚝 떨어질 때에는 매운 청양고추 한 숟갈 넣고 얼큰하게 한 뚝배기 먹고 나면 감기쯤이야 뚝! 떨어져 나가는 순댓국!

한 걸음 밖에 나가면 여러 가지의 순댓국집 간판들이 손님을 기다리고 있다.

나는 감히 우리 집 순댓국이 최고라 자부하고 싶다.

왜냐하면 최상의 원료로 최상의 정성으로 만들어낸 우리 집만의 진국이기 때문이다.

우리가 지금은 속 풀이 정도를 알고 있는 이 음식이 조선시대에는 고급 요리에 속하는 음식이었다는 것도 인식해 둘 필요가 있지 않을까.

추운 겨울 날, 하루 종일 먼지 뒤집어쓰고 일한 노동자들이 한 끼의 식사와 반주를 곁들이며 피로를 풀고 화기애애하게 정담을 나누고 내일을 약속했을 우리 서민들의 최고의 일품 보양식 개성찹쌀 순댓국집의 어엿한 주인장으로서 나는 오늘도 새벽시장을 오가며 내 인생의 꺼지지 않는 등불을 밝히고 있다. (*)

권순악

가을 나그네

가을은 해마다 추억 속에서 찾아온다.

시내에 나갔다가 집으로 들어올 때는 까만 비닐봉지에 과일을 가득 사 가지고 온다. 감, 대추, 밤, 사과 등이다. 그 중에서 감을 많이 산다. 노랗게 익은 감을 산다. 주먹만 한 대봉이 있으면 그것을 더 많이 산다. 어느 때는 홍시와 반시를 사기도 한다. 빨갛게 익은 감의 색깔은 보기도 좋으려니와 추억의 색깔이 선명하다. 그래서 가을이면 과일을 많이 사 가지고 집으로 들어온다.

사가지고 온 과일들은 일부 냉장고에 넣을 것은 넣고, 진열할 것은 진열해 놓는다. 좁은 거실과 식탁이지만 볕 좋은 창가에 진열해 놓는다. 넓은 접시나 목기에 쌓아놓을 수 있는 만큼 다 쌓아 놓는다. 먹기보다는 바라보는 감상용이다. 가득히 진열해 놓고 소파에 앉아서 바라보고 있으면 마음이 아늑해지고 풍요로워진다. 식구들은 그렇게 먹지도 않고 바라 볼 것이라면 차라리 과일 장수가 되던지 시장에 나가서 실컷 바라보고 있으란다. 향수에 젖은 내 추억을 알 리가 없다. 추억은 같이 공유하는 사람이 있어야 외롭지 않다. 혼자만의 추억은 역시 혼자만의 나그네가 된다. 외로운 긴 여행길이다.

가을이 오면 마음은 고향으로 달려간다.

고향집에는 감나무가 많았다. 마당가와 밭두둑에 감나무가 높이 가지를 뻗고 있었다. 여름이면 감꽃이 하얗게 피어난다. 가지마다 다닥다닥 꽃이 피었다. 이른 아침이면 감꽃이 땅바닥에 가득 떨어진다. 감꽃이 다 떨어질까 걱정도 많았다. 떨어진 감꽃은 주어다가 목걸이도 만들어 목에 걸었다. 군데군데 모아놓기도 하여 아까운 마음을 달래보았다.

나이 들어서는 넓고 파란 잎의 감나무 그늘이 좋았다. 감나무 그늘에 방석을 깔아 놓고 밭으로 간다. 밭에서 일을 하다가 힘이 들면 뜨겁게 흘린 땀을 닦으며 그늘로 온다. 바람이 시원하게 불어온다. 하늘이 더 푸르게 보인다. 흰 구름은 자꾸만 높이 떠 흘러갔다.

옛사람들은 감나무에는 세 가지 덕이 있다고 하였다. 넓고 푸른 잎과 그늘과 단풍을 말한다. 이를 시삼덕柿三德이라하였다. 잎 하나를 가지고 이렇게 멋스런 표현을 한 선인들의 풍류가 놀랍기만 하다.

여름이면 감잎의 푸른 그늘이 좋고 가을이면 단풍이 또 얼마나 좋은가. 어디서 그런 색깔이 나오는지 신기하기만 하다. 노랗고, 새빨간 단풍은 어느 단풍보다 아름다웠다. 그 단풍이 지붕 위나 마당에 가득 떨어지면 그 아름다움은 말로 표현할 길이 없다. 빨간 고추는 밀짚 방석에 널려 있고, 그 옆에서는 할머니가 그림같이 앉으셔서 일을 하신다. 녹두 꼬투리를 따시면서 빛바랜 세월을 하나하나 더듬고 계신 것이다.

얼마가 지나면 단풍든 고운 잎이 떨어지고 감이 익어간다. 가지가 휘도록 주렁주렁 매달린다. 밭두둑에서 지붕 위에서 빨갛게 익은 감을 바라보고 있으면 소리치고 싶은 감동이 솟구친다. 오래도록 가슴이 설렌다. 눈물이 나도록 떠나온 고향과 추억이 그리워진다. 모두가 지금은 가고 없는 세월의 흔적들이다. 흘러가 버리는 것은 모두가 아름답고 서러운 것인가. 삼은 발없이 찌는 고향을 지켜주고 있다.

홍시는 겨울철에 먹어야 제 맛을 안다. 함박눈이 쏟아지는 겨울밤에 어머니가 광에 있는 항아리 속에서 한 바구니 가져온 홍시를 먹으면 그 맛이 얼마나 좋았던가! 시원하면서 달콤한 그 맛, 그것이 고향의 맛이요 추억의 맛이다. 그런 홍시 맛을 지금은 맛 볼 수가 없다. 요즘 젊은이들은 감을 별로 좋아하지 않으니 정서의 동질성이 멀어지기만 한다. 그들에겐 고향이란 개념도 없어지고 있지 않은가.

감나무 밑동에 검게 구멍 난 것은 자식 걱정으로 늙어 간 부모님의 마음이라고 한다. 왜 이제서 그 뜻을 깨닫고 있는 건가. 혼자 가을을 보내기 힘든 나를 고맙게도 이 감이 위로해 주고 있다. 가지에 빨갛게 주렁주렁 매달린 감은 자식을 사랑하시는 부모의 얼굴이고 마음이다. 추억의 애절한 과일이다.

집 앞 개울둑에는 밤나무도 많았다. 밤나무는 오래 전부터 마을 앞 개울가에 심어져 있다. 할아버지께서 우리 땅의 경계 표시로 심은 것이라고 한다. 대문 밖으로 나와 바라보면 멀리 마을 앞으로 넓게 펼쳐져 있다. 그 둘레로 밤나무들이 셀 수 없이 많이 심어져 있다.

여름이면 하얀 밤꽃이 장관을 이룬다. 후끈한 밤꽃 향기가 온 마을에 풍겼다. 이 때 마을에선 삼을 집집마다 심었다. 오늘 날 대마초다. 텃밭에 삼을 심어서 베를 짜고 삼베옷을 즐겨 입었다. 시원한 삼베옷이 좋았다. 삼대를 베어 껍질을 벗기려면 잎을 대충 베어내고 긴 대를 삶아야 한다. 혼자서는 할 수 없다. 마을에서 공동으로 할 일이다. 밤나무가 있는 개울로 나온다. 남녀노소 사람들이 다 나온다. 구덩이를 여러 개 파고 삼을 삶아야 한다. 남자들은 한나절이 되어 뜨거운 삼 다발을 건져낸다. 부인들은 삼대가 식기를 기다렸다가 무릎에 대고 긴 삼 껍질을 벗긴다. 하루 종일 걸리는 일이다. 오랜만에 마을 사람들은 개도 잡아 더위를 이기기도 하고, 국수를 삶기도 한다. 즐거운 이야기를 주고받으며 이웃의 정을 두텁게 다진다. 마을 잔치는 이 밤나무 그늘에서 이루어질 때가 많았다.

제사 때 밤 까기는 숙부님들 몫이었다. 밤 까기는 쉬운 일이 아니다. 시간이 많이 걸리고 오래도록 앉아 있으면 허리가 아프다. 제사 시간이 임박해서야 끝난다. 못 생긴 밤을 하나씩 까서 숙부님들이 오드득 깨물며 나누어 준다. 그때를 기다렸다가 하나 얻어먹으면 꾸벅꾸벅 졸던 잠이 다 달아난다.

그런데 지금은 아무 것도 없다. 밤나무도 없고 삼도 없고, 그 때 그 사람들 아무도 없다. 그렇지만 가을 들어 햇밤을 보면, 여름 날 그 진한 밤꽃 향기와 아픈 가시만큼 고향의 때 묻은 정이 가슴에 와 박힌다. 밤은 풍요로운 고향의 옛 가을을 떠올리게 한다.

대추나무도 집 앞 마당 가 한 옆에 몇 그루 심어져 있었다. 해마다 발갛게 익은 대추가 풍성하게 달렸다. 달콤한 맛이 입에 당겼다. 술을 좋아하셨던 아버지께서는 술 한 잔에 대추 한 알이었고, 대추술이 방 곳곳에서 그 깊은 맛을 더해 갔다. 또 한약재나 건강식품에 대추를 아낌없이 한 주먹씩 넣고 다렸다. 예로부터 대추를 보고 먹지 않으면 늙는다고 한 불로무병의 과일이다. 자식 결혼식 땐 폐백음식의 으뜸으로 아들딸을 많이 낳는 다산의 소원을 이루어 준다고 한다. 그러나 아무리 이렇게 저렇게 먹어도 가는 세월은 막지를 못하고 있다. 그러면서도 다른 과일보다 고급스런 염원이 스며있다.

감과 대추와 밤은 추원의 정이 가득한 과일이다. 풍수지탄의 아련한 아픔이 서려 있어서 제사상에 올리고 있다. 부모와 조상과 내가 하나로 이어지는 보은의 과일이다. 아쉽게 떠나 온 고향과 불효자식의 회한이 가슴을 친다.

추억이 없는 과일은 입으로 먹고, 추억이 많은 과일은 가슴으로 먹는다.

이런 추억이 서려 있는 사연을 아는 이가 점점 사라져가고 있다.

음식은 추억과 정이 스며있다. 핵가족 시대에서는 이런 과일의 깊은 정과 뜻을 모른다. 그저 단맛만을 찾고 있다. 안타까운 일이다.

가을은 허전하고 서글픈 계절이다. 해마다 가을이 오면 아득히 가버린 세월 속으로 추억을 찾아 먼 길을 떠나는 나그네가 있다. (*)

박청자

곡조 없는 거문고소리

바람이 불어오니 나무가 춤을 춘다.

가만히 있어도 슬며시 다가와 얼굴을 관찰하는 듯 만지고 가는 바람!

바람은 보이지도 않고 색깔도 없고 만져지지도 않는다.

바람소리는 예술가인 양 곡조 없는 거문고소리로 음악의 세계가 그 속에 들어있는 듯하다.

훈훈하게 부는 바람은 정겹지만, 날씨나 계절에 따라 거세게 불어오는 바람은 때로는 겁나게 무서운 태풍으로 돌변을 한다.

강에 가면 강바람, 바다에 가면 바닷바람 풋풋한 바다 내음새로 시원한 바람이다.

오늘도 다도茶道 공부 한다고 회원들이 와서 실습을 하고 있으려니 누가 찾아와 부르는 듯이 창문을 흔들어대는 바람소리가 고요를 깬다.

차茶친구들 모여앉아 전통 차 우려 다례법대로 두 손으로 잔을 들고 향을 음미하고 마시며 담소를 한다.

차를 마시고 있노라면 모든 시름없어지고 마음이 평온함을 느끼며 은은한 차향에 매료되어 두 번 세 번 우려 들고 있다.

차 친구들이 모두 가고 다기茶器 정리를 하며 앉아있는데 문득 옛 시구詩句가 떠오른다.

객산차감류설본(客散茶甘榴舌本)

수여서미재흉중(睡餘書味在胸中)

객은 갔어도 차 에 단맛은 혀끝에 남아 있고
자고나니 글맛은 가슴속에 남아 있다.

풍류유성화(風流有聖畵)
석천무조금(石泉無操琴)
바람이 부는 대竹는 유성有聲이 그림이요
돌 사이 흐르는 물은 곡조曲操없는 거문고이다.

이 시를 생각하니 차를 마시고 난 후에 느낌과 바람이 불어 대나무에 부딪치며 나는 소리가 그림 같고, 돌 틈으로 흐르는 계곡물 소리가 곡조 없는 소리로, 거문고 소리와 같더라고 하는 표현이 산골짜기로 산보를 하는 마음으로 너무 재미있고 공감이 가는 시구다.

우리 동리는 길을 가다보면 들길이 펼쳐져 있고 옆으로 가다보면 산등성이가 있어 오솔길로 들어서면 한적하고 걷기 운동하는 곳으로 안성맞춤이다.

새집을 지어 이사 온 지 어언 벌써 40여 년이 되었는데 그때는 20채에 문화 주택이던 것이 지금은 아파트가 들어서고 개인 주택으로 수백 가구로 큰 동리가 되었다.

개울 보도 길을 걸어 들어오면서 군데군데 군락을 이루고 있는 영산홍이 빨갛게 피어있어 눈을 즐겁게 한다. 벌써 4월 마지막 날이라 진달래는 후줄근하게 시들어가고, 철쭉과 들꽃들이 예쁘다.

집안 뜰에도 많은 꽃들이 있지만 빨간 꽃 잔디와 보랏빛 매발톱 꽃이 유독 예쁘게 반긴다.

매발톱 꽃은 보라색으로 5개의 꽃잎과 나팔처럼 받치고 있는 그 안에서 꽃술을 바치고 있다. 왜 매발톱 꽃이라고 했을까? 다섯 꽃잎이 뾰족

하여 그렇게 이름을 지었을까?

보랏빛 꽃 옆에 산당화가 빨갛게 피어있어 같이 어울려 조화롭고 아름다움을 자랑이라도 하는 듯 귀엽다.

꽃들이 산들바람에 한들거리고 향을 풍기며 이야기를 하는 것 같아 드려다 보고 있는데 넘어가는 황금빛 석양빛에 취해 햇살을 손바닥을 펴 쥐어보니 사르르 빠져나간다.

나뭇잎끼리 부딪치는 바람 소리가 그림 같고 곡조 없는 거문고 소리 같다는 시구처럼 자연의 소리를 만끽하며 듣고 있는 저녁나절이네……. (*)

이미하

마음의 화단

방통대학을 다니면서 가사도우미 아르바이트를 한 적이 있었다.

일주일에 두 번 일을 하였으며, 대가로 받은 수고비는 등록금과 두 아들에게 의자도 사주었다. 가끔 남편과 영화를 골라 보는 재미도 솔솔 했었다.

나는 종종 그 의자를 벗 삼아 게임도 즐기며 책도 읽고 글을 쓰곤 한다. 참 재미있었던 현상이 일어났다. 드라마를 보면서 가사도우미 역을 맡고 있는 연기자의 대사와 의상과 활동범위를 꼼꼼히 살펴봤던 기억도 난다.

처음 하는 일이었기 때문에 잘 할 수 있을지 내심 염려가 됐다.

자식은 초등학생과 중학생이었고 아들 둘만 키운 내겐 아주 안성맞춤이었다.

과학상자 이야기로 머리를 맞대고 열을 올렸으며, 보이 스카우트 활동 이야기로 활기를 띄었다. 우주소년단에서 취미활동을 하였던, 아들들의 재미있었던 일들을 덧붙여 수다를 떨기도 했다. 레고동산 놀이로 상상의 나래를 펼치기도 하였다. 친구와 다투어 시무룩할 땐 위로를 해주며 마음으로 안아주기도 했었다.

자는 아이를 두고 돌아설 때엔 짠한 마음에 발걸음이 무거웠다. 나는 다시 다가가 머리를 쓰다듬고 이불을 덮어주기도 했다.

살림살이를 야무지게 잘 정리해 주진 못했다. 다림질은 남편의 옷과 아이들 교복 다리던 실력을 발휘하여, 주름을 잡고 펴고 콧노래를 양념

삼아 정성껏 하여 칭찬을 받기도 하였다.

가장 좋아했던 시간은 가끔 아이들 엄마와 차 한 잔 나누며 청소년들의 이야기로 활짝 꽃을 피울 때였다. 아이들 엄마는 그 당시 대학원 공부도 하면서 청소년 상담을 하고 있었다. 마침 나도 청소년교육학과를 공부하고 있었기 때문에 그 시간을 매우 즐겼다.

10개월이 되어갈 때 쯤 집 화장실 세면대를 잡고 넘어지고 말았다. 왼쪽 팔꿈치를 다쳐 그만 둘 수밖에 없었다. 세면대는 와장창 박살이 나고 말았다. 다행이 뼈에는 이상이 없었지만 속 근육이 찢어져 여덟 바늘을 꿰맸다. 당분간 왼팔을 사용할 수가 없었기 때문에 그만둘 수밖에 없었다.

좋은 인연 만나서 참 다행이다 싶었다. 그래서 더욱 즐겁게 일을 할 수가 있었던 것이다.

"저도 넘넘 감사요 긍정의 끝은 어디인가요 이거 별명인거 알죠 건강히 잘 지내셔요"

그녀는 어느 늦은 밤 이렇게 문자를 보내왔다. 나는 아직도 예전에 사용하던 핸드폰 문자 보관함에 그대로 저장을 하고 있다.

내겐 아주 소중한 선물이다. 극찬의 마음선물에 더욱 고마웠다. 그 문자는 언제나 에너지 충전에 커다란 보물 역할을 하고 있다.

하루는 남행열차를 신나게 흥얼거리며 베란다 창틀과 바닥 청소를 하고 있었다.

청소가 거의 끝나갈 무렵, 경비실에서 인터폰이 걸려왔다.

"아줌마 청소하고 계신건가요. 아래층에서 난리 났습니다."

난처해 하는 경비 아저씨의 전화 속의 목소리로 알 수 있었다. 몇 마디 더 붙여서 말씀을 하셨기에 단번에 전부는 아니더라도 대충 짐작할 수가 있었다.

아주 조심스럽게 물걸레로 닦는다고 했는데 문제가 발생하였다.

인터폰을 내려놓는 동시에 초인종이 울렸다. 가녀린 몸매에 팔짱을 끼고 서 있는 폼 때문에 순간적으로 나는 기가 눌리고 말았다. 표정도 이미 굳어 있었다. 순간적으로 한기가 올라와 꼭 얼어버릴 것만 같았다.

"주인아줌마 나오라고 하세요."

"지금 학교 갔는데요. 저 혼자 밖에 없어요."

"아줌마 나오라고 하세요."

앙칼진 목소리로 재차 묻는다.

"정말입니다. 학교에 갔어요. 미안합니다."

"아줌마, 어제 베란다 창문도 다 청소해놨고 아무 말 없이 청소를 하면 어떻게 해요. 걸어놓은 빨래에도 장 담근 항아리에도 물이 튀었는데 어떻게 할 거예요."

거칠어진 숨결이 파도를 치듯 세차게 귓바퀴에서 맴돌다 드디어 심장까지 밀어붙인다.

"어머 몰랐습니다. 죄송합니다. 이 일을 어쩌지. 큰일 났네. 정말 죄송합니다."

"어떻게 할래요. 다 물어내요. 정말 속상해 죽겠네."

나는 다소곳하게 목소리를 낮추고 예의를 표하며 반복하여 정중하게 사과를 했다.

읍 조아리며 다시 사과를 하였다. 날카로운 목소리는 계단 천장에 부딪쳐서 다시 내게로 돌아오곤 했다. 정말 미안했다. 죄송하다는 말로는 감당이 안 될 것 같았다.

신경 쓰게 해서 미안하다고…, 제가 몰랐습니다. 실수해서 미안하다고…, 진지하게 진심으로 최선의 사과를 하였지만 소용이 없었다. 화가 나서 나의 사과의 뜻에는 아랑곳하지 않았다. 나무라는 것에 대해서 충분히 나는 이해를 하였다.

빨래는 다시 하면 되겠지만, 특히 장 담근 고추장 된장 항아리에 물이 튀었다니 변명할 여지가 없었다. 많이 미안했다. 하지만 사과하는 내게 한 마디의 눈길도 주지 않고, 계속되는 일방통행에 은근슬쩍 부아가 치밀어 오르기도 했다.

더 이상 할 수 있는 말도 없었다. '얼마냐고 물어준다고 해버릴까.' 이런 저런 생각에 잠시 혼란스러웠지만, 결국 물어 준다는 말은 나오질 않았다.

잠시 후 돌아서며 분이 안 풀렸는지 아래층 여자는 말한다.

"교양도 없고 상식도 없이 말야."

강타의 뻬꾸기가 날아 들어와 결국 심장을 뚫고 말았다. 계단을 내려가는 뒷모습을 바라보니 씁쓸하였다. 문 닫히는 소리와 함께 아래층 여자의 구강공격도 들려오지 않았다.

현관문을 닫고 잠시 그 자리에 서성거리다 나는 정신을 차렸다. 아래층 여자에게서 받은 뻬꾸기 총탄들을 쓸어 모으고 교양도 없고 상식도 없는 총알을 천천히 뽑았다.

그러고 나니 한결 마음이 가벼웠다. 하지만 입 꼬리가 올라가며 어깨가 들썩거리기 시작했다. 점점 강도가 높아지는 어깨의 들썩거림에 그 자리에 주저앉고 말았다.

나의 실수로 인하여 아이들 엄마가 곤란해질 생각을 하니 굉장히 미안한 생각이 또 들었다. 그날 아이들 엄마는 미안함에 작은 선물을 준비해서 인사 차 찾아갔다고 했다. 하지만 살짝 열린 현관문 틈으로 충분한 대화조차 나누지 못하고 가족 중 한 사람이 선물을 거절했다는 말을 들었을 뿐이다.

'그래 미하야! 힘내자. 그런 말 들었다고 해서 너무 우울해 하지 말자. 그 동안 미하 너도 알게 모르게 수없이 뱉은 언어들의 횡포를 뿌린 만큼

대가를 치른다 생각하자. 그리고 지면을 통해서 미안함과 이해와 용서의 마당을 펼쳐 보자.'

"저를 스쳤던 인연들에게 고백합니다. 미안했습니다. 정말로 미안했습니다. 철없이 함부로 내뱉은 말 아직도 가슴에 담고 아파하고 계신다면 이제 버려주세요. 쓰레기 안고 살아가지 마시구요."

조심스럽게 당부도 해 본다.

"저에게 보내주신다면 고운 꽃으로 피어나도록 애쓰겠습니다. 그리고 너무 썩어 곪아 터져 분리 할 수 없는 쓰레기는 정성껏 깔끔하게 태워서 오염 없도록 소각하겠습니다."

치자 빛이 넘실대는 가을 들녘을 바라보니 여전이 설렌다.

장난치듯 살며시 옷깃에 파고드는 스산한 바람도 참 좋다. (*)

수필 |

장호순

할머니의 마지막 분꽃

칠월 장마가 시작되고 비는 간간히 뿌려가며 일기예보를 거부했다
모처럼 햇볕이 대지의 감촉을 받으며 흠뻑 젖은 풀숲의 침묵을 깨우고
서녘에 해바라기 짧은 여정을 긴 노을에 짚혀간다
마을 앞 길모퉁이 작은 공터가 할머니 손길에 다듬어지고
빛바랜 빨간 비닐 끈이 얼키설키 처져있다
언제부터인가 할머니 기억 안에 텃밭으로 머물러 있었을 빈터가
때를 맞춘 할머니의 손길이 바빠졌다
담벼락 끝에 걸쳐진 널빤지조각에 X표를 빨갛게 표기해
누구도 이곳에 들어가지 말라는 할머니만의 경고다
하얀 백발의 할머니, 팔순은 훨씬 넘으신 것 같고
흘려진 세월만큼 굽혀진 허리에 호미자루 손에 쥐고
저만치 사라지는 할머니 뒷모습에 쓸쓸한 바람이 자잔하다
이튿날 이른 새벽 언제 심어놓고 가셨는지 이름 모를 모종들이 시들시들 한 채 심겨졌고
연일 각기 다른 여린 모종들, 할머니 손길로 가득 모아진다
담벼락에 세워진 나뭇가지 넝쿨 뻗어 올라갈 수 있도록 할머니의 어진 배려다.
일주일 만에 화단은 할머니 마음을 꽉 채웠고 새 뿌리가 내리기 시작했다.
비기 온다, 어쩌면 할머니 계획대로 착착 이뤄지고 있는 것은
오늘은 비가 오려나. 몸이 찌푸릇하다 하면 정말 비가오곤 했다

옛 선인들의 지혜로움을 몸소 느끼며 살아오셨던 터라 할머니도 예외는 아니었다

이렇게 비와 햇볕을 머금고 잘 자란 화초는 각자 이름표를 달 듯

색을 드러내며 화려한 꽃으로 이미 할머니가슴엔 먼저 피었을 것이다

첫 번째 심어진 것이 분꽃이고 그밖에 채송화 봉숭아 이름 모를 화려한 꽃들

지나는 이들의 시선을 끌기에 충분했고 나뭇가지를 타고 올라선 울타리콩

이제 담장을 홀로 넘어 주렁주렁 하다

가장자리엔 동부 녹두도 화초처럼 심겨져 결실의 제 모습을 모두 갖추고

할머니의 마음 따라 갈잎으로 가고 있었다.

토실하게 익어간 알곡 호미 끝에 묻어둘 옛것에 그리움

할머니가슴엔 이미 새겨져 있었을 것이다

그러나 심어놓고 여기까지 할머니의 모습을 영 볼 수 가 없어 몹시 궁금해

할머니가 다니시던 족적을 따라 아파트 앞 경비실을 찾았다

느긋하신 경비아저씨를 만나 자초를 말씀 드렸더니

할머니의 모든 것을 이미 잘 알고 계셨다

아 그 할머니 병원에 오래 입원하셨다가 얼마 전에 돌아가셨다고 한다.

너무 안쓰럽고 저렇게 탐스럽게 자란 화초와 옛것을 보고 싶었던

울타리콩 동부 녹두를 보지 못하고 가셨다니

너무 비통해 말길이 머지고 생존의 할머니 모습이 줄을 잇는다.

편히 영면하시길 빌며 돌아서는 마음도 너무 쓸쓸하고 허전했다

모두 늦은 세월의 뒷모습으로 묻혀가고

분꽃은 홀로남아 할머니의 손길을 지키며

마지막 꽃잎을 떨구고 있었다. (*)

수필 | 전명수

송소고택松韶古宅을 찾아보다

언제 찾아가도 맑고 청정한 동해에서 하루를 보내고 영덕 강구항을 지나 청송으로 넘어간다. 태백산맥의 위용이 그대로 느껴지는 내연산, 문수봉, 팔각산을 헤치고 굽이굽이 산모롱이를 돌며 넘어가는 고갯길이다. 계곡을 끼고 달리는 길은 조용하면서도 깨끗하기 이를 데가 없다. 싱그러운 녹음으로 뒤덮인 오월의 산야가 눈을 시리게 한다. 한 점 오염되지 아니한 옥계계곡을 거쳐 청송 얼음골에 닿으니 깎아지른 바위절벽에서 쏟아지는 인공폭포가 길손의 마음을 더욱 시원하고 즐겁게 해 주었다. 아무 곳에라도 주저앉아 쉬어도 절경이 이어지는 계곡 길은 참으로 아름답고 청정한 우리의 산야이다.

달기 약수탕에서 약수 한 사발 마신다. 철분이 많아 위장병 치료에 특효가 있다는 약수이다. 그래서 그런지 몰라도 약수를 길러갈 수 있는 크고 작은 물통도 팔고 엿도 팔고 있다. 엿을 먹으면 약수를 더 많이 마실 수 있기 때문이란다. 이 약수로 닭백숙을 해먹으면 보양식일 뿐만 아니라 별미라는 소문이 나있기도 하다. 그래서 이곳 주변에는 비슷비슷한 닭백숙 전문식당이 즐비하게 들어서 있다.

청송은 산이 높고 골이 깊어 오지奧地라 알려져 있으며 주왕산, 주산지가 유명하고 사과의 고장이다. 어느 골짜기로 들어서도 공해가 없는 청정지역이라 오히려 살기 좋은 고장으로 느껴진다. 경주 최 부잣집과 더불어 영남의 양대 부잣집으로 알려진 청송의 부잣집으로 소문난 송소고택을 찾아보았다. 송소고택松韶古宅은 경북 청송군 파천면 송소고택길

15-2(덕천리)에 위치하고 있는 조선 후기의 대저택이다. 조선 영조 때 구대九代에 걸쳐 만석의 부를 누렸던 송소 심호택이 지어 살았던 아흔아홉 칸 집이다.

이 집을 지을 1880년 당시에는 궁궐을 제외한 사가私家는 아흔아홉 칸 이하로 제한하였기 때문에 사가로는 최대의 규모로 지은 집이다. 집의 전체적인 모습과 기둥, 처마, 기와지붕을 올려다보면 건물이 장대하고 격식을 제대로 갖추고 있어 조선시대 상류층이 살던 주택의 특징을 잘 간직하고 있다. 솟을 대문은 대저택의 위용을 들어내고 있으며 전서체篆書體로 쓴 송소세장松韶世莊이란 현판이 달려 있다. 안채, 별당채, 큰 사랑채, 작은 사랑채, 사당 등의 건물이 ㅁ자 형으로 구성되어 있으며 각 건물마다 독립된 마당이 있다.

그래서 마당과 담장이 유난히 많으며 짧고도 귀여운 헛담이 눈길을 끌게 한다. 이 헛담은 전체를 경계 지어 나누지 않으면서 사랑채에 앉은 남정네가 안채에서 움직이는 아낙네들을 엿볼 수 없도록 남여의 공간을 구분지어 놓았다. 아마도 남녀의 법도가 엄격하였던 그 시절의 상징물처럼 보이기도 하고 여인들을 위한 배려 같기도 하다. 그리고 안채와 바깥채 사이에는 정감이 넘치는 꽃담장이 있는데 거기에는 동그랗게 뚫은 작은 구멍이 보인다. 이 구멍들은 안쪽에서 바깥쪽으로만 내다볼 수 있는 구조인데 안주인이 사랑채에 찾아오는 손님을 파악하여 적절한 접대를 하기도 하고 바깥세상을 보는 창의 역할을 하였던 것으로 양반집의 소소한 일상을 짐작케 해 준다.

이곳 덕천마을은 일백여 호의 청송 심 씨 집성촌이며 인근에 재실인 경의재敬義齋가 위풍당당한 모습으로 서 있고 인접하여 송정고택이 자리

잡고 있다. 송정고택은 심호택의 둘째 아들 송정 심상광의 집으로 송소고택과 거의 동시대에 지은 집이다. 심상광은 도산서원과 병산서원의 원장과 청송향교 전교를 지낸 대 유학자이다. 이 집도 역시 ㅁ자형으로 이루어져 있으며 지금은 미리 예약을 하면 고택체험을 해볼 수 있다고 한다. 가족끼리 고래 등 같은 명문대가 양반집에서 하룻밤 쉬어보는 멋스러움을 체험하고 나면 스스로 양반 댁에 방문한 귀한 손님이 된 기분이 들 것 같다.

청송 심 씨는 조선조에서 세 명의 왕비와 네 명의 부마, 정승 열셋, 문과 급제자 224명, 청백리 두 명을 배출한 명문대가였고 한때는 주왕산을 문중의 소유에 둘 만큼 세도가 대단한 집안이었다. 청송 심 씨는 고려 충렬왕 때 심홍부沈洪孚를 시조로 한다. 그의 증손인 심덕부沈德符가 무관으로 이성계와 위화도 회군에 뜻을 같이 하였으며 조선 창업에 공을 세워 청성백靑城伯에 봉해져 본관을 청송으로 삼게 되었다. 심덕부의 아들 온溫의 여식은 조선 4대 임금 세종의 비 소헌왕후이다. 그리고 심강의 아들은 서인의 거두 심의겸이며 딸은 13대 임금 명종의 비 인순왕후이다. 또 20대 임금 경종의 비 단의왕후도 청송 심 씨 가문의 여인이다.

이처럼 대단한 문중이며 만석 군 집안의 고택에서 느껴진 기분은 신분의 격차를 실감하지 않을 수 없다. 거대하고 웅장한 궁궐 앞에서도 느껴보지 못한 위압감이 스며들게 한 기분은 무엇 때문일까? 서민으로 살다 가신 우리네 조상님들과 견주어 상상해 보면 그저 주눅이 들지 않을 수가 없다. 그러함에도 지금은 조선시대가 아닌지라 현실로 돌아와서 위축되지 않은 마음, 평상심을 되찾는다. 부를 누리며 자자손손 잘 먹고 잘 살아온 그들의 흔적을 들여다보며 우리 역사의 한 단면을 음미해 본다. 그래서 역시 듣던 대로 청송 심 씨 문중이 대단하였음을 느껴본 한나절이다. (*)

전청희

회상

엘리베이터에 점검중이라는 불빛을 보고 계단을 터덕터덕 오르는데 3층도 못 올라와 다리가 아프고 숨이 차오르기 시작했다. 해마다 나에게 다가오는 겨울은 변함이 없는데 어찌 이리 내 몸은 재빨리 삶을 휘감아 돌아 바람 서성이는 몸이 되었는지……. 하긴 세상의 모든 이치가 그렇지. 어찌 끝 간 데 없이 흐르기만 하던가. 때로는 섰다가, 달리다가, 쉬면서 숨을 고르는 것을… 하는 생각 끝에 가장 가쁜 숨을 쉬었던 지리산 산행이 떠올랐다.

아직은 바쁘게 살아가는 일상으로 추억을 되새기며 살아오진 않았는데 문득 지리산의 깊은 바람 소리가 들려오고 있었다. 난 어느 틈에 추억을 회람하고 있는 것이었다. '늙으면 추억을 먹고 산다' 는 말이 떠올라 지리산을 추억하는 나는 계단을 거침없이 내달아 오르지 못한 서운함이 이제 늙은 것일까 라는 생각으로 다다른다.

내 삶의 길목은 반환점을 훨씬 지난 듯싶지만 모른 체하며 달리고 있었는데…… 천천히 그리운 그곳 지리산으로 돌아가 머문다. 차갑게 얼어붙은 지리산에게 내가 먼저 손을 내밀고 이제 마주잡고 있는 중이다.

동두천에는 오랜 숙원사업이었던 전철이 개통되는 날, 지리산을 가게 되었다. 지리산이란 이름만으로 두려움이 가득했지만, 마음속에 따뜻함이 가득한 사람과 스키복 멋진 차림으로 문득 가슴 싸아하게 만드는 재주 있는 사람과 불혹을 넘기고도 여전한 해맑은 미소를 가진 사람과 산뜻하고 귀여운 사람, 따뜻하게 향내 나는 사람, 그렇게 만난 사람들이

고속버스를 타고 지리산에 도착하니 새벽 3시 30분이었다. 야간산행 말로만 듣고 남의 이야기인 줄로만 알았는데 랜턴을 들고 지리산으로 첫발을 내디뎠다.

험난한 코스라고 이미 수차례 들었기 때문에 각오한 때문인지 생각만큼 그리 험하진 않았다. 무거운 배낭 탓에 시작부터 마음도 풀리고 다리도 풀려 벌벌 떨며 입술은 바싹바싹 타고 심장은 기차 소리를 내며 쿵쾅거리다 주저앉아버리는 바람에 스키복이 멋진 사람이 무거운 내짐을 건네받게 되어 너무나 미안한 산행이 되었는데 무거운 짐이 아니라 내 마음의 짐이라며 하얗게 웃던 그 사람이 아주 오래 마음속에 머물러 있었다.

자연경관을 살필 겨를도 없이 그저 오르다 고개를 드니 산 틈으로 초승달이 보였다. 오롯 초승달만 보며 날이 밝기만 기다리며 굴곡진 인생길을 걷듯 그렇게 묵묵히 걷기만 했다. 잠을 제대로 못 잔 탓인지 배고픈 탓인지 몽롱하고 현기증마저 나며 힘들어 주저앉고 싶을 때는 누가 시키지도 않았는데 무슨 고생인가 싶어 후회가 들기도 했다. 몸이 어느 정도 풀려 일행과 발맞추어 갈 때면 춥다는 이유로 온종일 티브이나 보고 있는 것보다야 얼마나 잘한 일인가 싶고 자신이 대견한 생각이 들었다. 허벅지가 팍팍해지고 입술이 마를 때 장터목대피소가 산자락 귀퉁이에 나타났다. 갑자기 힘이 나기 시작하며 이제 아침을 먹을 수 있다는 생각에서인지 모든 상황이 안심되고 용기마저 솟구쳤다. 그때야 나뭇가지에 피어난 눈꽃이 아름답고 우뚝 솟은 바위들이 멋지게 눈에 들어왔다. 옹기종기 모여 밥을 하고 라면에 오징어까지 찢어 넣어 맛난 오징어짬뽕 라면으로 이 세상에서 가장 맛있는 아침 식사를 마치고 천왕봉을 향했다. 눈이 내리기 시작하니 지리산은 더욱 아름다움의 극치를 이루게 되었고 정상이 눈앞에 있다는 생각에 마음은 앞서는데 두 다리가 영 마음에 들게 말을 듣지 않는다. 이 두 다리가 과연 내 다리인가 내 것이라면 내 소유라면 내 마음대로 움직여야 할 것인데 그럼 누구의 다리인지……. 내 몸에 붙어 있어 내 것인 줄 알았건만 그날처럼 내 것이 아닌 양 말 안 듣는 날은 없었던 것 같다. 그래도 끌고 오르니 밥주걱 같기도 하고 혀 같기도 한 천왕봉 표석이 나타났다.

한쪽엔 '智異山天王峰'이라 한자로 표기되고 그 밑에 1,915m라고 기록되어 있으며, 한쪽엔 '韓國人의 기상 여기서 발원되다'라고 적혀 있었다. 정상의 매운바람이 지나가고 햇살이 찾아왔다. 내 평생 또다시 못 오를 곳이라는 생각에 제대로 뜨이지 않는 실눈을 내리깔고 온 몸으로 햇살을 맞았다. 눈 덮인 천왕봉을 뒤로하고 내려오는 길엔 이 땅에 불교가 전해 내려온 이래 가장 높은 곳 (해발 1,450km)에 세워진 사찰 법계사를 지나고 칼바위 쪽으로 내려오니 중산리가 나타났다. 언젠가 스님께서 정말 힘겨운 일이 있으면 크게 숨을 쉬며 '정심, 정도'를 계속 입으로 되뇌라고 했다. 쉼 없는 '정심, 정도'도 힘겨움을 사라지게 할 수 없었고 고행길이 따로 없었다. 겨우겨우 함께 한 사람들을 따라 내려와 느린 내 걸음 덕분에 빼앗긴 시간에 대한 미안함을 고마움과 함께 마음으로 전하면서 지리산의 산행을 마쳤다.

처음 오로지 산에 가고 싶다는 마음 하나로 따라나선 산행이었는데 힘겨웠넌 만큼 한동안 자부심이었던 지리산 정상 등정의 그날로 숨을 고르며 계단을 올라와 걸어가고 있다. 매운바람 사이로 오솔길이 보이고, 마르고 시들어 납작 엎드린 풀들이랑 꽁꽁 얼어붙어서 더욱 다정함을 과시하던 얼음폭포, 차갑게 얼어붙은 지리산 자락에 까치발로 동동거리던 햇살을 만난다. 아련한 추억을 고명으로 얹은 차 한 잔으로 쟁여둔 기억을 반추해 보는 시간, 창 밖에는 그믐달이 슬핏 나를 훔쳐보고 있었다. (*)

동백섬의 추억

청운의 꿈이 발동하기 시작했던 바닷가 흑백사진을 본다. 한여름이었지만 한산한 해운대 바다에서 수영을 하다가 비경의 장원莊園같았던 동백섬 자락으로 옮겨 찍은 사진이다. 반세기 전의 어설펐던 해운대 해수욕장과 동백섬의 풍광이 파노라마 친다. 멋있게 찍으려고 갯바위에 오르다 따끔한 전율을 느끼며 중심을 잃고 미끄러졌다. 날카롭게 박혀있는 조개껍질에 발바닥을 벴다. 수영복팬티 안자락을 뜯어 상처를 동여매고 푸른 동해바다를 향해 꿈을 펼쳐보겠다는 기상으로 포즈를 잡았다. 연신 배어나오는 피로 갯바위가 얼룩져 인증도장을 동백섬에다 찍은 셈이 됐다.

군 입대를 일찍 했었기에 십대의 마지막 해를 해운대 동백섬에서 보내게 됐다. 갓 스물이 시작되었던 여름에 찍은 사진 한 장이 그 시절 나의 꿈과 조화를 이룬 동백섬 이야기들을 풀어줄 키가 됐다. 모래바람을 막아주는 방벽처럼 무성한 해송 군락지 안에 있는 부대에서 군복무를 시작했다. 바로 철조망 너머가 해운대 해수욕장과 동백섬이었다. 갯바위를 적셨던 피가 초석이 되고, 꿈이 담겨진 사진 때문이었는지! 지금 그 자리에는 특5성급 계급장을 단 부산웨스텐조선호텔이 웅장하고 화려하게 들어서 있다. 소유불문하고 내 젊음의 상징이 세워진 것 같아 흐뭇하다.

동백섬은 해운대 백사장에 연결되어 있는 동남쪽 끝자락에 있다. 나는 일본 고베의 바닷가 마을에서 태어나 어려서부터 물과 친하게 지내온 터다. 내 몸속에는 바다를 향한 끝없는 도전과 낭만을 추구하는 피가 끓고 있었다. 외면으로는 당수도 무덕관 중앙도장에서 연마한 유단자로서 터프한 기질이었지만 내면으로는 클래식음악을 좋아하는 순정파였다. 이런 나를 두고 전쟁을 잘하면서도 음악을 장려하는 독일 나치족속 같다고 했다. 어쨌든 하고 싶은 일에는 손해를 보면서도 물불을 가리지 않고 이루어 냈었다.

눈만 뜨면 끝없이 넘실대는 푸른 바다가 보여 마음을 심하게 자극했다. 그래도 뒤쪽은 갯물과 민물이 섞여 흐르는 개천이 있어 횟감이 되는 고기를 잡을 수 있었다. 겨우 한 사람이 건너다닐 수 있는 엉성한 다리를 금방 건너면 갈대로 지붕을 한 운촌이라는 해변마을이 그림 같이 펼쳐있었다. 나는 다리를 건너 무화과가 열리고 해당화 꽃이 피는 마을을 구경 삼아 일부러 지나다녔다. 운촌 옆 벌판에는 4·19혁명으로 브라질로 이민을 가는 사람들이 내려와 잠시 머물면서 판잣집에서 살고 있었다. 해운대 사람들은 그곳을 아예 브라질이라고 불렀다. 나는 혁명에 참여하고 곧바로 입대를 했기에 이방인들처럼 사는 그들에게 연민을 느꼈다.

해운대 바닷가는 미개척지였고 동백섬에는 해녀들이 드나들고 있었다. 더없이 아름답고 평화스러운 곳이었지만 군대는 주변 환경과 어울리지 않게 이상한 기합과 구타가 심했다. 어린 나이에 지원을 해서인지 군대생활에 적응이 되지 않고 갈등이 심해졌다. 특히 부대에서 주는 밥으로는 배가 고팠는데 온 지 며칠이 되지 않은 어느 금요일, 외출증을 내주면서 부대에서 밥을 먹을 수 없다고 했다. 미군부대에 배속된 우리 중대는 탄약작업이 없을 때에는 주중에도 전원 외출을 보낸다는 것이다. 수중에 돈이 떨어져 어슬렁거리다가 취사반장에게 붙들렸다. 여기서 심부름을 하면서 먹고 지내라는 말에 첫 외출을 취사장 사역병으로 보내고 말았다.

경치만큼이나 모든 시설도 미군들이 사용했던 그대로여서 편리하게 되어있었다. 다수의 군속과 민간 노무자들까지 출입하는 관계로 매점도 있고 다방에서는 팝송을 틀어놓고 아가씨가 커피를 팔고 있어 마음이 산란해졌다. 하지만 밤마다 불침번을 서면서 무연탄에 흙을 섞어 피우는 난로를 꺼뜨려 고문관(군대말로 바보)이라고 기합을 받느라 정신이 없었다. 그래도 함께 온 동기생과 교대를 할 때면 바로 옆 철조망으로 기어나가 빵과 음료수로 빈속을 채우는 게 상수였다. 깜깜한 밤 또 철조망을 빠져나가려고 개구멍으로 머리를 들여 밀다가 거나하게 한 잔을 걸치고 들어오는 고참 하사의 머리를 세게 받아버렸다. "야! 너 누구야, 이것 봐라 기록카드에 잉크도 안 마른 졸병새끼가 어디를 가는 거야"라며 때리는 대로 얻어맞고 발길로 채이면서 잘못했다고 빌었다. 불침번을 교대하고 배가 고파 빵을 사먹으려 나가던 참이라며 사정을 했다. 하사는 이번만 봐 줄 터이니 빨리 사먹고 오라고 했다.

나는 집에서 바닷가 가게로 돈을 부치게 해 놓고 틈이 나는 대로 먹으려 다녔다. 남들이 안 하는 짓이나 엉뚱한 곳에 관심을 갖는 편이라 과감한 생각을 갖게 되었다. 낮에는 로켓포탄이 든 상자를 트럭에 싣고 내리는 작업을 하고도 밤이면 고참병들에게 기합을 받는 게 싫어 탈영을 시도했다. 하지만 그게 실패로 끝나고 다른 방법이 없어 일요일마다 열심히 교회 가는데 힘을 쏟았다. 차츰 내 본연의 기질이 살아나 지옥 같은 부대와 난민촌 같은 해변을 무시해 버리고 바다의 낭만을 즐기며 꿈을 키웠다. 예배를 마치고 친구들과 해수욕을 하러다녔다. 푸른 바다에 응어리를 토해내면서 희망의 불씨를 당겨 미8군 카투사가 되어 동백섬을 떠났다.

조각상 같은 인물사진 뒤로 있었던 그림들의 현장을 연전에 찾아가 봤다. 허름한 집들은 흔적도 없고 호텔과 유락시설들이 빌딩숲을 이루고 있었다. 아직도 소나무들은 갯바람에 청청한 가지들을 너울대면서 나를 반겨주었다. 끌어안아도 보고 매만지면서 한참을 그 시절의 환상에 취해 있다가 동백섬을 한 바퀴 돌아봤다. 5·16이 나고 박정희 장군이 부산에 내려와 하룻밤을 묵었던 별장은 없어지고 그 아래 물가에는 인어공주가 살포시 앉아있었다. 신병시절 부대를 이탈하여 숨어 있다가 붙잡혔던 곳에도 가보았다. APEC정상회담이 열렸었다는 〈누리마루〉라는 특별한 건물이 세워져 관광명소가 되었다. 이제는 해운대뿐만 아니라 부산의 랜드 마크가 되어 동백꽃 길을 따라 풍광이 좋은 해변의 관광코스로 각광을 받고 있다.

피를 흘렸던 곳과 한나절 숨어 있다가 잠이 들어 잡혔던 곳이 세계적인 명소로 변했다. 옛 흔적을 찾아 볼 수 없어 서운하지만 그래도 감개무량했다. 지금도 내가 마음을 두고 가는 곳에서는 해운대 동백섬에 버금가는 현상들이 계속 벌어지고 있다. 아무래도 하나님께서 함께 해주시는 것 같아 케돌 베이커 주연의 〈기적〉이라는 영화가 생각난다. 〈누리마루〉을 둘러보고 수영만 쪽으로 있는 종덕원이라는 고아원과 탄약운반선 선착장이 있었던 곳으로 가보았다. 베트남전을 마치고 귀국하여 선박중대장으로 관할했던 곳이다. 이등병으로 시작했던 곳에서 카투사가 되어갔다가 다시 대위 계급장을 달고 십 년 만에 동백섬에 금의환향해 지인들의 축하를 받았다.

어느 날 밤 강보에 싸여 철조망가에 버려진 갓난아기를 발견했다. 어떻게 해야 할까 궁리하다가 고아원으로도 보낼 수도 있었지만 나름대로 결단을 내렸다. 예쁜 딸이라서 아들만 둘인 해운대에서 맺은 의형께서 키우게 했다. 여유가 있는 집이라 대학을 졸업시키고 미국으로 유학까지 보내 잘살고 있다는 소식을 오래전에 들었다. 지금은 어떻게 지내는지, 일부러 모르고 지내려는데 다녀가라는 의형의 전화를 받았다. 친구들도 만나자고들 하지만 조용히 나만 알고 싶은 생각이다. 내 꿈을 활짝 펼쳐졌던 해운대와 동백섬은 아름다운 추억의 고향이다. (*)

詩가 ……

착각의 시학 사화집 제 9호

詩가
아프다고 말할 때

초판인쇄 2014년 12월 1일
초판발행 2014년 12월 10일

지은이_ 착각의시학연구회
발행인_ 이현자
발행처_ 도서출판 현자
기획 편집_ 김경수 조금래 이늦닢 이현자

등 록_ 제 2-1884호 (1994.12.26)
주 소_ 서울시 중구 수표로 50-1(을지로3가)
전 화_ (02) 2278-4239
팩 스_ (02) 2278-4286
E-mail_001hyunja@hanmail.net

값 18,000원

ISBN 978-89-94820-18-7 03810

이 도서의 국립중앙도서관 출판예정도서목록(CIP)은 서지정보유통지원시스템 홈페이지(http://seoji.nl.go.kr)와 국가자료공동목록시스템(http://www.nl.go.kr/kolisnet)에서 이용하실 수 있습니다. (CIP제어번호 : CIP2014033251)